Kulturbasiertes IT-Recruiting

Frank Rechsteiner

Kulturbasiertes IT-Recruiting

Warum Headhunter für Ihr Unternehmen überflüssig sind

Frank Rechsteiner
München, Deutschland

ISBN 978-3-662-54679-6   ISBN 978-3-662-54680-2 (eBook)
DOI 10.1007/978-3-662-54680-2

Die Deutsche Nationalbibliothek verzeichnet diese Publikation in der Deutschen Nationalbibliografie; detaillierte bibliografische Daten sind im Internet über http://dnb.d-nb.de abrufbar.

Springer Gabler
© Springer-Verlag GmbH Deutschland 2017
Das Werk einschließlich aller seiner Teile ist urheberrechtlich geschützt. Jede Verwertung, die nicht ausdrücklich vom Urheberrechtsgesetz zugelassen ist, bedarf der vorherigen Zustimmung des Verlags. Das gilt insbesondere für Vervielfältigungen, Bearbeitungen, Übersetzungen, Mikroverfilmungen und die Einspeicherung und Verarbeitung in elektronischen Systemen.
Die Wiedergabe von Gebrauchsnamen, Handelsnamen, Warenbezeichnungen usw. in diesem Werk berechtigt auch ohne besondere Kennzeichnung nicht zu der Annahme, dass solche Namen im Sinne der Warenzeichen- und Markenschutz-Gesetzgebung als frei zu betrachten wären und daher von jedermann benutzt werden dürften.
Der Verlag, die Autoren und die Herausgeber gehen davon aus, dass die Angaben und Informationen in diesem Werk zum Zeitpunkt der Veröffentlichung vollständig und korrekt sind. Weder der Verlag noch die Autoren oder die Herausgeber übernehmen, ausdrücklich oder implizit, Gewähr für den Inhalt des Werkes, etwaige Fehler oder Äußerungen. Der Verlag bleibt im Hinblick auf geografische Zuordnungen und Gebietsbezeichnungen in veröffentlichten Karten und Institutionsadressen neutral.

Gedruckt auf säurefreiem und chlorfrei gebleichtem Papier

Springer Gabler ist Teil von Springer Nature
Die eingetragene Gesellschaft ist Springer-Verlag GmbH Deutschland
Die Anschrift der Gesellschaft ist: Heidelberger Platz 3, 14197 Berlin, Germany

Vorwort

Mein Vater gab mir vor vielen Jahren für meinen beruflichen Werdegang verschiedene Ratschläge. So sollte ich unbedingt darauf achten, eine Arbeit zu wählen, die zu mir und meinen Werten passt und mir Freude bereitet. Auch wenn sich dieses Gefühl im Berufsalltag nicht immer einstellen könne, sollte es jedoch weitgehend überwiegen. Außerdem empfahl mir mein Vater, mich bei der Arbeit möglichst mit Menschen zu umgeben, die ich mag und die mich fördern und voranbringen. „Wenn Du diesen Prinzipien folgst, bist Du auf dem richtigen Weg", meinte er. „Der Rest ergibt sich von selbst, vertraue darauf!"

Auch wenn ich meinen Vater damals noch nicht richtig verstand, muss ich ihm rückwirkend uneingeschränkt recht geben. So haben sich seine Ratschläge als goldrichtig erwiesen, wann immer ich mich später bei einem IT-Arbeitgeber um eine Vakanz bewarb. Noch während ich langjährige Führungspositionen bei internationalen IT-Anbietern innehatte, wuchs meine Leidenschaft für die diversen Arbeitsthemen so sehr, dass ich diese in den Fokus meines Wirkens stellte: 2009 habe ich mich komplett auf die Personal- und Strategieberatung für IT-Unternehmen spezialisiert.

Damit möglichst viele IT-Experten und IT-Anbieter von meinen Erkenntnissen und Erfahrungen in diesem Bereich profitieren können und somit die richtigen Menschen zusammenkommen, habe ich das „kulturbasierte Recruiting" entwickelt. Es beruht auf der These, dass es für jeden Menschen die richtige Aufgabe gibt, und soll IT-Arbeitgeber unterstützen, hoch qualifizierte Kandidatinnen und Kandidaten zu finden und dauerhaft an sich zu binden. Kurzum: Ich möchte Ihnen helfen, nach einem speziellen Sechs-Punkte-Plan eine Unternehmenskultur zu etablieren, an der auch mein Vater seine Freude gehabt hätte.

In diesem Sinn biete ich Ihnen an, Ihr Unternehmen bei der Transformation zum „kulturbasierten Recruiting" zu begleiten.

Viel Spaß bei der Lektüre,

München, Deutschland Ihr
im März 2017 Frank Rechsteiner

Inhaltsverzeichnis

1	**Einleitung**...	1
	Literatur...	2
2	**Die Interviewpartner und ihre IT-Unternehmen**................	3
3	**Never Change a Running System?**...........................	7
	3.1 Allheilmittel Headhunter?...............................	7
	3.2 Warum arbeiten Sie mit Personalberatern?.................	9
	3.3 Was erwarten Sie von der Zusammenarbeit mit Headhuntern?....	10
	Literatur...	13
4	**The Perfect (Mis)Match**.....................................	15
	4.1 Typischer (Mis)Match bei der Bewerberauswahl..............	15
	4.2 Der falsche Freund oder: „Sprechen wir vom selben Level?"....	18
	4.3 Welche Aussagekraft haben Stellenanzeigen?................	19
	4.4 Wie sieht der ideale Mitarbeiter aus?......................	22
	4.4.1 Der Unternehmer im Unternehmen	22
	4.4.2 Lieber angepasst als selbstbewusst?.................	22
	4.4.3 Change Management erforderlich	23
	4.5 „Magic Moment": Die richtigen Leute zum richtigen Zeitpunkt finden!..	24
	Literatur...	26
5	**Recruiting-Strategien von Start-ups**..........................	27
	5.1 Was macht Start-ups so attraktiv?.........................	27
	5.1.1 Aufbau vor Struktur...............................	27
	5.1.2 Recruitainment: Talentsuche mit Spaßfaktor	28

	5.1.3 Social und Mobile Recruiting.	28
	5.1.4 Start-up-Recruiting ist Chefsache	29
5.2	Welche Recruiting-Strategien können wir von Start-ups übernehmen?.	30
5.3	Warum sind Start-ups bei Bewerbern so beliebt?.	34
Literatur.		38

6 Employer Branding für IT-Unternehmen 39

- 6.1 Employer Branding als wichtigster Trend 39
  - 6.1.1 Unternehmen schummeln bei der Selbstdarstellung 40
  - 6.1.2 Arbeitgeber müssen wahre Geschichten erzählen 41
  - 6.1.3 Authentisch und professionell ist kein Widerspruch 41
- 6.2 Wie erweitern Sie Ihre Arbeitgeber-Attraktivität? 42
  - 6.2.1 Image des Unternehmens 43
  - 6.2.2 Mitarbeiter-Motivation durch soziales Engagement 45
  - 6.2.3 Schrittweise zum attraktiven Arbeitgeber. 45
  - 6.2.4 Sie brauchen ein klares Profil. 46
- 6.3 Ihre Mitarbeiter sind die besten Botschafter und Headhunter 48
  - 6.3.1 Das Ambassador-Prinzip 48
  - 6.3.2 Mitarbeiter werben Mitarbeiter 51
  - 6.3.3 Software-gestützte Empfehlungen 51
  - 6.3.4 Gute Mitarbeiter ziehen Bewerber an. 52
- 6.4 Content Marketing im Recruiting 53
- Literatur. 57

7 Was Mitarbeiter wirklich wollen: Die Hype-Strategie. 59

- 7.1 Geben Sie Ihren Mitarbeitern größtmögliche Eigenverantwortung! 64
- 7.2 Kommunizieren Sie ehrlich und direkt! 69
- 7.3 Setzen Sie Ihre Mitarbeiter nach ihren individuellen Stärken und Vorlieben ein! 72
- 7.4 Machen Sie deutlich, wofür Ihr Unternehmen steht: Sie brauchen ein klares Profil! 82
- 7.5 Unterstützen Sie Ihre Mitarbeiter bei der Selbstverwirklichung! 87
- 7.6 Weg mit Bürokratie und Hierarchien! 93
- Literatur. 98

8 Mitarbeiterbindung wirkt sich positiv auf den Unternehmenserfolg aus 99
  8.1 Führungskräften fehlt es an Reflexionsbereitschaft 100
  8.2 Starke Einbußen für die Wirtschaft 100
  Literatur 100

9 Schlusswort: Quo vadis, HR? oder: Wie schaffe ich ein kulturbasiertes Recruiting? 101
  9.1 Stellen Sie Herkömmliches mutig infrage – jedoch nicht gedankenlos alles! 101
  9.2 Sie brauchen Management-Attention! 102
  9.3 Reden Sie nicht nur über neue Prozesse – handeln Sie! 102
  9.4 Wirken Sie als Vorbild! 103
  9.5 HR-Modell „Dynamic Work System" 103

Einleitung 1

Zusammenfassung

Der steigende Fachkräftemangel in der IT-Branche macht ein Umdenken im Recruiting erforderlich. Statt Stereotypen wie „spannende Kundenprojekte" oder „gute Aufstiegschancen" zu bemühen, sollten IT-Arbeitgeber an der Optimierung von Unternehmenskultur und Personalmanagement arbeiten. Welche Maßnahmen sinnvoll sind, ist Inhalt dieses Buchs. Im Fokus steht die „Hype-Strategie" mit dem „Sechs-Punkte-Plan", die auf langjährigen Erfahrungen in der Personal- und Strategieberatung für internationale IT-Anbieter fußt.

Employer Branding heißt das Zauberwort, mit dem Unternehmen in Zeiten wachsenden Fachkräftemangels um die Gunst potenzieller Bewerber buhlen. Heftige Flirtversuche sind gerade in der IT-Branche zu beobachten, in der nach Angaben des Branchenverbands Bitkom Ende 2016 insgesamt 51.000 offene Stellen zu verzeichnen waren, was einem Anstieg um fast 20 % gegenüber dem Vorjahr entspricht (Bitkom 2016).

Doch scheint es vielen Unternehmern schwerzufallen, sich als attraktive Arbeitgeber zu positionieren. Wie sonst ließe sich erklären, dass in ihren Selbstdarstellungen und Imagekampagnen immer wieder dieselben Floskeln auftauchen: von „einzigartigen Chancen und Entwicklungsmöglichkeiten" über „spannende Kundenprojekte" bis hin zu „Teamgeist und kollegialem Arbeitsklima". So mancher Bewerber winkt da schnell ab – mit Allgemeinplätzen lässt sich längst kein IT-Experte mehr locken.

Dieses Buch geht der Frage nach, wie IT-Anbieter ein Profil entwickeln können, das sie von anderen unterscheidet. Nach einem Sechs-Punkte-Plan wurde die „Hype-Strategie" entwickelt, die es Start-ups und Konzernen ermöglicht, die besten Mitarbeiter zu finden und zu binden, ohne die gängigen Klischees attraktiver Arbeitgebermarken und kostspielige Headhunter zu bemühen. Während die

© Springer-Verlag GmbH Deutschland 2017
F. Rechsteiner, *Kulturbasiertes IT-Recruiting*,
DOI 10.1007/978-3-662-54680-2_1

meisten Unternehmen mit Unterstützung von Personalberatern an ihrer Außendarstellung arbeiten, geht es bei der „Hype-Strategie" darum, die Unternehmenskultur und das Personalmanagement zu verbessern und damit einen neuen Ansatz für *Employer Branding* zu entwickeln.

Im Zentrum des Buches stehen Erkenntnisse zum Thema „Was Ihre Mitarbeiter wirklich wollen", darunter innovative Arbeits- und Führungsmodelle, die dem steigenden Wunsch der Mitarbeiter nach einer flexiblen Integration von Berufs- und Privatleben entsprechen. Ich nutze dabei meine langjährigen Erfahrungen als Personal- und Strategieberater nationaler und internationaler IT-Anbieter und ergänze meine Ausführungen um zahlreiche Praxisbeispiele und Interviews mit Geschäftsführern und HR-Verantwortlichen namhafter IT- und Unternehmensberatungen in Deutschland.

Literatur

Bitkom (2016) 51.000 offene Stellen für IT-Spezialisten. https://www.bitkom.org/Presse/Presseinformation/51000-offene-Stellen-fuer-IT-Spezialisten.html. Zugegriffen: 14. Nov. 2016

2 Die Interviewpartner und ihre IT-Unternehmen

Zusammenfassung

Um meine Erkenntnisse und Erfahrungen als Personalberater mit einer möglichst breiten empirischen Basis zu unterlegen, habe ich zu jedem im Buch behandelten Themenkomplex mehrere Interviews mit Geschäftsführern und HR-Verantwortlichen namhafter IT- und Unternehmensberatungen in Deutschland geführt. Die Ergebnisse flossen in den Sechs-Punkte-Plan zur Umsetzung der Hype-Strategie ein und offenbaren die große Vielfalt, mit denen Unternehmen heute versuchen, im „War for Talents" erfolgreich zu sein. Die Bandbreite meiner Gesprächspartner reicht vom Nischenplayer, der neue Mitarbeiter vor allem durch eine offene Unternehmenskultur und flache Hierarchien anzieht, bis zum Branchenprimus, der auf innovative Recruiting-Kanäle, wie eine gezielte Start-up-Förderung, setzt.

Böning, Sarah: Head of Recruiting, Director der MHP GmbH
MHP gehört als Porsche-Tochterunternehmen und Prozesslieferant mit dem Beratungsansatz der Symbiose aus Management- und IT-Beratung sowie als Automotive- und Digitalisierungsexperte zu den führenden Beratungen weltweit. Die Leistungen umfassen Management Consulting, System Integration, Managed Services und Business Solutions. www.mhp.com/de/home.

Clarner, Rosemarie: Human Resources Officer, Geschäftsführung der Scheer GmbH
Scheer unterstützt als Consulting- und Software-Haus Unternehmen bei der Entwicklung neuer Businessmodelle, der Optimierung und Implementierung effizienter Geschäftsprozesse sowie beim verlässlichen Betrieb ihrer IT. Ein besonderer Schwerpunkt liegt darin, Unternehmen branchenbezogen bei der digitalen Transformation zu begleiten. www.scheer-group.com.

Eisenried, Simon: Leiter Recruiting der MaibornWolff GmbH
MaibornWolff ist auf IT-Beratung und Software Engineering spezialisiert. Seit 27 Jahren beruht der Erfolg des Unternehmens auf der Verbindung von Beratung und Umsetzung in allen Phasen von IT-Projekten: von der Strategieberatung über Software Engineering und Mobile Engineering bis hin zu Testmanagement. www.maibornwolff.de.

Nink, Marco: Strategic Consultant/Senior Practice Consultant der Gallup GmbH
Gallup Deutschland ist ein forschungsbasiertes Beratungsunternehmen und Spezialist für die Schnittstelle zwischen Ökonomie und Psychologie. Gallup berät Unternehmen u. a. im Bereich der Verhaltensökonomie und entwickelt zukunftssichernde Strategien. Mit seinen wissenschaftlich fundierten Werkzeugen und seiner branchenübergreifenden Expertise trägt Gallup maßgeblich zum organischen Wachstum von Unternehmen bei. www.gallup.de/home.aspx.

Rübsamen, Mike: Geschäftsführer und Gründer der 2bits GmbH
2bits ist Spezialist für den SAP-basierten Einkauf und wurde 2001 mit dem Fokus auf Anwendungen rund um das Thema digitale Medien gegründet. Einsatzgebiete reichen von den logistischen Modulen des SAP Enterprise Resource Plannings (ERP) bis zu den innovativen Beschaffungs- und Einkaufsprozessen des Supplier Relationship Managements (SRM). www.2bits.de.

Weise, Michael: Geschäftsführer der Movilitas Consulting GmbH
Movilitas liefert Track & Trace, Mobility- und MRS- sowie SAP Supply-Chain-Lösungen für internationale Kunden. Dank einer klaren Strategie und der gezielten Fokussierung auf wenige Themen hat das 2006 gegründete Unternehmen schnell das Vertrauen sowohl von führenden Industrieunternehmen als auch von mittelständischen und kleineren Unternehmen gewonnen. www.movilitas.de.

Never Change a Running System? 3

> **Zusammenfassung**
>
> Dieses Kapitel geht der Frage nach, warum IT-Arbeitgeber beim Recruiting auf Headhunter setzen – und leider zu oft enttäuscht werden. Meist stellen überzogene Erwartungen an die Kandidatinnen und Kandidaten ein großes Problem dar, das selbst durch erfahrene Personalberater nicht gelöst werden kann. Stattdessen sollten IT-Arbeitgeber strukturiert und überlegt an ihre Beschaffungsfrage herangehen. Dazu gehört neben einem aussagekräftigen Stellenprofil ein klares und ehrliches Bild der individuellen Unternehmenskultur. Dringend sei zudem empfohlen, nicht ausschließlich nach „100-Prozent-Volltreffern" zu suchen, sondern auch Kandidatinnen und Kandidaten den Zuschlag zu geben, die die Anforderungen nur teilweise erfüllen. Werden diese Bewerber nach ihren persönlichen Stärken und Neigungen eingesetzt, bieten sich gute Möglichkeiten, sie zu optimalen Leistungsträgern zu entwickeln.

3.1 Allheilmittel Headhunter?

Einen Headhunter zu konsultieren, scheint für viele IT-Unternehmen in Zeiten des Fachkräftemangels ein probater Weg zur Personalbeschaffung zu sein. Headhunter sind eine Alternative zur meist kostspieligen Möglichkeit, den gesuchten IT-Experten bei der Konkurrenz abzuwerben, ebenso wie zur Ausbildung eigener IT-Mitarbeiter, mit denen Unternehmen ihre Personalprobleme jedoch erst langfristig, nicht aktuell lösen können.

Daher kontaktieren viele Geschäftsführer und HR-Verantwortliche lieber gleich einen Headhunter in der Hoffnung, sofort einen passenden Kandidaten präsentiert zu bekommen.

▶ Dabei lassen sie außer Acht, dass sie sich zuvor der Kernfrage nach ihrer Arbeitgeber-Attraktivität stellen sollten: „Welche Besonderheiten kann mein Unternehmen einem IT-Spezialisten bieten?"

Erst wenn diese Frage hinlänglich beantwortet und die Arbeitgebermarke entwickelt wurde, macht der Einsatz eines Headhunters tatsächlich Sinn. Denn wie eine Studie des Bundesverbandes Deutscher Unternehmensberater (BDU) zeigt, werden Personalberater trotz Online-Stellenbörsen, Berufsnetzwerken und Transparenz im Internet keineswegs überflüssig So erwirtschafteten 2015 in Deutschland 6175 Personalberater in rund 2200 Personalberatungen ca. 1,8 Mrd. EUR und damit 6,8 % mehr als im Vorjahr. Insgesamt besetzten die Headhunter 57.400 Jobs in Industrieunternehmen, Wirtschaft und Verwaltung (Tödtmann 2016).

Ein Praxisbeispiel

Ich erhalte einen Anruf von Herrn Baumgärtner, HR-Leiter in einem SAP-Systemhaus. Nach kurzer Vorstellung seiner Person nennt er mir sein Anliegen: „Wir suchen dringend einen SAP Senior-Berater HCM für den Bereich Abrechnung an unserem Standort in Kassel!" Als ich einige Fragen nach den Aufgaben und Anforderungen an die Reisebereitschaft des Bewerbers stellen möchte, fällt mir Herr Baumgärtner sogleich ins Wort. Er fordert mich auf, in meiner Datenbank nachzusehen, ob ich möglichst schnell einen geeigneten Kandidaten liefern kann. Als ich ihn darauf hinweise, dass ich erst verstehen möchte, welche Art von Mitarbeiter er genau sucht, bevor wir einen Personalvermittlungsvertrag abschließen, sagt er: „Nein, keinen Vertrag, das will unser Geschäftsführer nicht. Schauen Sie einfach in Ihrer Datenbank nach, ob ein passender Mitarbeiter dabei ist!" Spannender Ansatz, denke ich und frage ihn, was geschieht, wenn ich nicht gleich fündig werde. „Dann", sagt Herr Baumgärtner, „rufe ich einfach den nächsten Headhunter an, irgendeiner wird schon liefern" – und legt auf.

▶ **Handlungsempfehlung** Auch wenn die Personalnot noch so groß ist, sollten IT-Arbeitgeber strukturiert und überlegt an ihre Beschaffungsfrage herangehen – mit blindem Aktionismus lässt sich keine offene Stelle besetzen. So sollte zunächst ein aussagekräftiges Stellenprofil erarbeitet und danach ein Headhunter des Vertrauens kontaktiert werden – aber immer nur ein einziger, denn es spricht sich schnell am Markt herum, wenn zehn Headhunter denselben Kandidaten kontaktieren. Darüber hinaus sollten Sie den Personalberatern ein klares und ehrliches Bild vermitteln, wie sich Ihre Unternehmenskultur gestaltet und welche Besonderheiten Ihr Unternehmen zu bieten hat. Vergleichen Sie die Personalbeschaffung mit einer Partnersuche: Wer sich besser darstellt, als er ist, ist schnell wieder allein!

3.2 Warum arbeiten Sie mit Personalberatern?

Viele IT-Unternehmen beginnen, mit Personalberatern zusammenzuarbeiten, wenn ihre HR-Abteilungen den steigenden Recruiting-Anforderungen nicht mehr nachkommen können. Tatsächlich hat der Bewerbermangel teilweise schon drastische Ausmaße angenommen, wie der aktuelle „index Recruiting Report 2016" von index HR-Marketing zeigt (2016). So hat sich die Lage bei der Personalsuche im Vergleich zum Vorjahr kaum verändert: Rund zwei Drittel der Unternehmen erhalten nicht genügend Bewerbungen von erfahrenen Fachkräften mit akademischem Abschluss. Selbst bei den Hochschulabsolventen und Young Professionals sind es noch fast 40 % der deutschen Unternehmen, die über zu wenige Bewerbungen klagen.

Darüber hinaus kommt der „index Recruiting Report 2016" zu dem Ergebnis, dass die deutschen Personaler das Employer Branding zwar als wichtigen Recruiting-Trend betrachten. 56 % der Befragten meinen jedoch, dass ihr Unternehmen bei der Außendarstellung als Arbeitgeber nicht so gut abschneidet. Da sollen wohl Headhunter helfen. Einige Unternehmen sehen darin eine Alternative zur Arbeitgebermarken-Strategie. Sie berücksichtigen nicht, dass die beste Direktansprache nicht gelingt, wenn das Employer Branding nicht stimmt.

IT-Unternehmer kommen zu Wort
In einem persönlichen Gespräch bestätigten mir die Geschäftsführer von zwei IT-Beratungsunternehmen, dass sie Headhunter zur Personalbeschaffung einsetzen, weil sie keine eigenen Ressourcen für den aktiven Aufbau eines Arbeitgeber-Images haben. Dies ist aufgrund der Größe der beiden Beratungshäuser nachvollziehbar. Da sie sich auf ihr Kerngeschäft konzentrieren, müssen sie zur Expertengewinnung mit Personalberatern zusammenarbeiten, obwohl sie durchaus wissen, dass dies nicht der Königsweg für sie ist.

> **Mike Rübsamen, Geschäftsführer und Gründer der 2bits GmbH**
> „Wir müssen bei unserer Expertensuche auf die Netzwerke von Personalberatern zurückgreifen, weil wir kein eigenes Employer Branding betreiben können."

> **Michael Weise, Geschäftsführer der Movilitas Consulting GmbH**
> „Da wir auf die klassischen Stellenanzeigen kaum mehr Rückmeldungen qualifizierter Bewerber erhalten, setzen wir verstärkt auf Headhunting. Als SAP-Beratungsunternehmen mit Fokussierung auf spezielle Segmente ist unsere Arbeitgebermarke leider noch nicht stark genug, um Top-Kandidaten anzuziehen."

Ein Praxisbeispiel
„Als kleines Systemhaus haben wir uns aus Kostengründen jahrelang gegen eine Zusammenarbeit mit Headhuntern entschieden, mussten dann jedoch einsehen, dass es nicht mehr ohne sie geht. So benötigten wir bei unseren steigenden Wachstumsraten im Vertrieb immer wieder schnell zusätzliches Personal, um die anstehenden Kundenprojekte erfolgreich abwickeln zu können. Langfristig wollen wir uns verstärkt auf die Umsetzung einer fundierten Employer-Branding-Strategie konzentrieren, um diesem Dilemma zu entgehen."
Markus P., Geschäftsführer eines SAP-Systemhauses in Berlin

▶ **Handlungsempfehlung** Gerade kleineren IT-Unternehmen und Nischenplayern sei dringend empfohlen, an ihrer Darstellung als Arbeitgeber zu arbeiten, unter Umständen auch mit externer Unterstützung durch spezialisierte Dienstleister. Dazu gehört zum Beispiel, aus HR-Sicht eine Liste mit Alleinstellungsmerkmalen und Besonderheiten des Unternehmens herauszuarbeiten, wie Benefits und Zusatzleistungen. Ziel muss es sein, durch die Marketingwirkung sowohl die Effizenz der Personalrekrutierung als auch die Qualität der Bewerber langfristig zu steigern. Zudem sollen qualifizierte IT-Spezialisten durch eine höhere Identifikation dauerhaft an das Unternehmen gebunden werden.

3.3 Was erwarten Sie von der Zusammenarbeit mit Headhuntern?

Bei meiner langjährigen Beratungs- und Vermittlungstätigkeit zeigte sich immer wieder, dass viele IT-Arbeitgeber ausschließlich „100-Prozent-Volltreffer" von ihren Headhuntern erwarten. Ein Beispiel: Gesucht wird ein Senior-Berater mit Universitätsabschluss, nicht älter als 35 Jahre, der eine mindestens fünfjährige

Projekterfahrung in zwei SAP-Modulen, eine hohe Reisebereitschaft und die Motivation mitbringt, seine Kunden an fünf Tagen pro Woche zu unterstützen. Der gewünschte Kandidat ist also einer, in den ein Arbeitgeber nichts investieren muss und der trotzdem von der ersten Sekunde an fakturarelevant eingesetzt werden kann.

Eine weitere beliebte Variante ist, dass ein Team- oder Geschäftsbereichsleiter eingestellt werden soll, der bereits über einen festen Kundenstamm und ein eigenes Team verfügt. Damit wird von der neuen Führungskraft erwartet, dass sie die Arbeit des Vertriebs übernimmt und auch schon den Job der HR-Abteilung erledigt hat. „Warum soll dieser ‚All-Inclusive'-Kandidat eigentlich zu Ihnen kommen?", frage ich meine Auftraggeber immer wieder. „Wenn er schon eigene Kunden und Mitarbeiter hat, würde er mehr davon haben, sich selbstständig zu machen!" Auf diese Frage erhielt ich bisher noch keine vernünftige Antwort.

Trotz dieser unrealistischen Erwartungen der Arbeitgeber wird es jedoch immer wieder Headhunter geben, die sich auf eine solche unseriöse Kandidatensuche einlassen. Somit gibt es an dieser Stelle oft zwei Verlierer: Personalberater, die nicht liefern, und IT-Arbeitgeber, die nicht einstellen können.

Stattdessen sollte man den Nutzen eines Headhunters sowohl für die Arbeitnehmer- als auch Arbeitgeberseite sachlich betrachten. Für einen Bewerber liegt der wohl wichtigste Vorteil der Zusammenarbeit mit einem Personalberater in der Verhandlungsposition, die er gegenüber einem Arbeitgeber einnehmen kann. Bewirbt sich ein Kandidat auf eine Stellenanzeige, nimmt er die Position eines Bittstellers ein. Wird er jedoch von einem Headhunter vorgeschlagen, ist er ein vom Berater „empfohlener Interessent" und wird vom Unternehmen umworben.

Manche Arbeitgeber nehmen die Dienste von Headhuntern in Anspruch, wenn der Erfolg von Stellenanzeigen in Zeitungen, Jobbörsen und sonstigen Rekrutierungsmaßnahmen ausbleibt. Sie treffen dabei nicht die schlechteste Wahl. Denn gerade erfolgreiche und engagierte Arbeitnehmer sind meist nicht aktiv auf der Suche nach einer neuen Herausforderung bei einem anderen Arbeitgeber. Sie sehen daher keinen Anlass, von sich aus die Stellenanzeigen in Jobbörsen oder Tageszeitungen zu durchforsten. Hierin liegt die Attraktivität für die Unternehmen, Kandidaten über Personalberater zu rekrutieren. Denn diese kommen mit IT-Spezialisten ins Gespräch, die bei ihrem jetzigen Arbeitgeber ausgezeichnete Leistungen zeigen.

7 Dinge, die Unternehmen von Personalberatern erwarten
Warum Unternehmen mit Personalberatern zusammenarbeiten, kann unterschiedliche Gründe haben. Zum Teil wollen Firmen die Expertise und das Netzwerk des Headhunters nutzen, andere wiederum lagern die Aufgabe der Rekrutierung einfach an Profis aus.

Sie erwarten dabei von ihrem Berater:

1. *Erfahrung, Ehrlichkeit und Aufrichtigkeit*
2. *Vertraulichkeit*
3. *Individuelle, flexible Angebote*
4. *Geschwindigkeit bei der Beantwortung offener Fragen und der Besetzung der Position*
5. *Kenntnis von Auftraggeber, Branche und Position*
6. *Angemessene Honorare*
7. *Gutes Image und Reputation*

Mike Rübsamen, Geschäftsführer und Gründer der 2bits GmbH
„Wir erwarten von einem Headhunter, dass er Kandidaten findet, die unserem Wunschprofil entsprechen. Dazu benötigen wir auch Unterstützung bei der Definition unserer Alleinstellungsmerkmale als Beratungsgesellschaft, die sich auf SAP-Einkaufslösungen fokussiert. Schließlich möchten wir, dass die Kandidatenansprache eines Personalberaters dazu beiträgt, die Bekanntheit unseres Unternehmens zu steigern. Einfach nur Xing zu bedienen, würde uns an dieser Stelle nicht reichen."

Michael Weise, Geschäftsführer der Movilitas Consulting GmbH
„Oft haben wir bei der Personalbeschaffung akuten Handlungsbedarf – etwa aufgrund veränderter Projektanforderungen oder neuer Projekte. Dann hoffen wir, dass uns gute Headhunter weiterhelfen. Unser Motto heißt: Qualität statt Quantität. Wir wollen keine 50 Kandidatenprofile sichten müssen, sondern nur etwa drei geeignete Vorschläge. Zudem erwarten wir, dass uns der Headhunter berät, weil wir zum Beispiel zu hohe Anforderungen an Kandidaten haben oder nach unrealistischen Profilen suchen. Das kann nur ein Personalberater mit Branchenerfahrung leisten, kein Hochschulabsolvent. Leider machen wir täglich schlechte Erfahrungen mit Personalberatern, die uns unaufgefordert Profile senden und denen es nur um die ‚Masse' geht. Für dieses Art von Geschäft ist uns die Zeit zu schade."

Die größten Fehler im Umgang mit Headhuntern
Allerdings sind neben den hohen Erwartungen, die Unternehmen an Personalberater haben, auch viele Fehler im Umgang mit diesen zu beobachten. Dazu zählen:

1. *Nur die allerbeste Fach- und Führungskraft haben zu wollen*
2. *Fehlendes Vertrauen in den Headhunter*
3. *Die Kandidaten nicht effektiv zu behandeln*
4. *Das Hintergrundwissen des Headhunters nicht genügend zu nutzen*
5. *Die (Bewerber-)Marktverhältnisse zu verkennen*
6. *Die Angst vor starken Headhunter-Persönlichkeiten*
7. *Unzureichende Abstimmung im Unternehmen*
8. *Dem Headhunter unzutreffende Informationen zu geben*
9. *Mehrere Headhunter gleichzeitig zu beauftragen*

▶ **Handlungsempfehlung** Vermeiden Sie die genannten Fehler in der Zusammenarbeit mit Headhuntern, suchen Sie vor allem nicht ausschließlich nach „100-Prozent-Volltreffern", denn den idealen Kandidaten gibt es nicht. Entscheiden Sie sich auch für IT-Experten, die Ihre Anforderungen nur teilweise erfüllen, und setzen Sie diese dann nach ihren individuellen Stärken und Neigungen ein, um sie zu optimalen Leistungsträgern zu entwickeln.

Literatur

index HR Marketing (2016) index Recruiting Report 2016
Tödtmann C (2016) Gute Zeiten für Headhunter. http://www.wiwo.de/erfolg/jobsuche/studie-zu-personalberatern-gute-zeiten-fuer-headhunter/13581310.html. Zugegriffen: 12. Mai 2016

The Perfect (Mis)Match 4

Zusammenfassung

Obwohl für das richtige Matching im Bewerbungsprozess psychologische Gesetzmäßigkeiten gelten, die sich die Arbeitgeber zunutze machen sollten, kommt es häufig zu Mismatch-Situationen. Dies liegt an schlecht formulierten Stellenanzeigen, falscher Einschätzung der Bewerberqualität und unseriösen Versprechungen im Bewerbungsgespräch. In diesem Kapitel wird untersucht, wie sich im Bewerbungsprozess „Magic Moments" erreichen lassen, in denen die richtigen Positionen mit den richtigen Mitarbeitern besetzt werden. Dazu gehört, dass Arbeitgeber gleich zu Beginn der Kontaktaufnahme ausdrücklich nach den konkreten Anforderungen eines Kandidaten fragen und diese auch ernst nehmen. Gerade bei Stellenbesetzungen mit strategischer Bedeutung muss sichergestellt sein, dass ein Bewerber nicht nur fachlich, sondern auch persönlich zur Kultur und zum Spirit des Unternehmens passt.

4.1 Typischer (Mis)Match bei der Bewerberauswahl

Das Recruiting und die HR-Abteilungen in den IT-Unternehmen steuern seit längerer Zeit in die falsche Richtung. Wie sonst ließe es sich erklären, dass personelle Fehlentscheidungen zunehmen? So gab in einer Umfrage des Pape Lab unter rund 2800 Personalverantwortlichen ein Drittel der Interviewpartner an, in den vergangenen Monaten eine Stelle falsch besetzt zu haben. Zeitdruck und der Mangel an besseren Bewerbern sind nach Aussage der befragten HR-Experten die wesentlichen Gründe dafür (Pape Lab 2014).

Der finanzielle Schaden ist enorm: Für mindestens jede dritte neu besetzte Stelle entstehen für die deutsche Wirtschaft Verluste zwischen 30.000 und

700.000 EUR, weil das Matching nicht stimmt. So jedenfalls rechnet es die Personalberaterin und Buchautorin Brigitte Herrmann vor (2016). Sie addiert dafür die Ausgaben für die ursprüngliche Rekrutierung eines neuen Arbeitnehmers mit dem entsprechenden Jahresgehalt sowie die Kosten für die Suche und Einarbeitung eines weiteren neuen Mitarbeiters. Bei Führungskräften, so Herrmann, geht man sogar vom 1,5- bis 3-Fachen des Jahresgehalts aus. Hinzu kommen weitere Schäden für Unternehmen, die sich nicht in konkrete Zahlen übersetzen lassen: zum Beispiel Reputationsverlust, schlechte Stimmung im Team und verärgerte Kunden.

Die „Candidate Experience" im Recruiting-Prozess gilt als Erfolgsfaktor im Wettbewerb um neue Fach- und Führungskräfte. Doch wie sieht aus Mitarbeitersicht ein ideales Bewerbungsverfahren aus? Und wie gestaltet sich die Praxis tatsächlich? Eine Umfrage der Recruiting-Plattform Softgarden und der Fachzeitschrift „Personalmagazin" unter 1130 Bewerbern und 123 Personalern gibt Aufschluss (Softgarden 2015). Danach werden viele Unternehmen den Erwartungen der Bewerber nicht gerecht – und haben offenbar auch nicht vor, ihr Candidate Experience Management zu verbessern.

Als besonders wichtig erscheinen den Bewerbern die Effektivität und Geschwindigkeit des Recruiting-Prozesses. Sie wollen schnell herausfinden, ob der Job und der Arbeitgeber zu ihnen passen. Danach werden Wertschätzung für sie als Bewerber und einfache Kontaktmöglichkeiten zum Unternehmen genannt. Nach Auskunft der Kandidaten aber werden die Unternehmen diesen Wünschen in der Praxis nicht gerecht. Daher schätzen die Umfrageteilnehmer die Transparenz und Orientierung an Bewerberbedürfnissen als „stark ausbaufähig" an. Dies ist umso wichtiger, als dass sich der einstige Arbeitgebermarkt mittlerweile komplett in einen Arbeitnehmermarkt verwandelt hat. Wer dies nicht begreift, wird Vakanzen künftig nicht in der gewünschten Qualität oder gar nicht mehr besetzen können.

Mike Rübsamen, Geschäftsführer und Gründer der 2bits GmbH
„Mehrere Gründe können meiner Ansicht nach für ein Mismatching ausschlaggebend sein:

1. Die Erwartungen der Kandidaten entsprechen nicht den Bedingungen, die die Firmen anbieten können oder wollen.
2. Die Kandidaten schätzen sich selbst falsch ein und stellen ihre Fähigkeiten und Erfahrungen besser dar, als diese in Wirklichkeit sind. Dies kann unbeabsichtigt geschehen, jedoch kommt es in manchen Fällen auch zu bewussten Lügen.

3. Die Bewerber werden von den Headhuntern besser verkauft, als sie tatsächlich sind. In meinem Unternehmen wurde einmal mit guten Deutschkenntnissen eines ausländischen Kandidaten geworben, der sich im Bewerbungsgespräch leider kaum ausdrücken konnte.
4. Die Anforderungen der Unternehmen sind zum Teil so hoch, dass sich auf den oft kleinen Arbeitnehmermärkten keine geeigneten Kandidaten finden lassen."

Ein Praxisbeispiel
„Mismatching" bedeutet per Definition: in einer Kommunikationssituation bewusst andere Verhaltensmuster als das Gegenüber annehmen, um einem Treffen oder einer Unterhaltung eine andere Richtung zu geben, sie zu unterbrechen oder zu beenden. Dieses Verhalten habe ich oft in Bewerbungsprozessen erlebt. So empfahl ich als Personalberater einmal einen Kandidaten, der eindeutige Anforderungen an seine neue Stelle formulierte: „Ich wechsle nur dann in die Position als Senior Projektleiter SAP MM, wenn mein Zielgehalt mehr als 85.000 EUR beträgt, meine Reisetätigkeit drei Tage pro Woche nicht überschreitet und ich die restlichen beiden Tage vom Büro oder Homeoffice aus arbeiten kann."

Was dann passierte, war sehr merkwürdig, ist in der Praxis aber häufig zu beobachten. In genauer Kenntnis der Anforderungen des Kandidaten startete die HR-Abteilung den Bewerbungsprozess, angefangen bei einem Telefoninterview über zwei persönliche Treffen bis hin zum ersten schriftlichen Angebot. Aber halt: Hier war auf einmal von einem Zielgehalt von 78.000 EUR und einer hundertprozentigen Reisebereitschaft zu lesen … Musste das sein? Sehr viele Menschen hatten bereits viel Zeit in diesen Bewerbungsprozess investiert – und dann wurden die Anforderungen des Bewerbers so missachtet („mismatched"). Dieser sagte selbstverständlich ab und war dazu noch außerordentlich wütend.

▶ **Handlungsempfehlung** Wie aber schafft es ein Unternehmen, seine Recruiting-Prozesse effektiver zu gestalten? Mein Tipp: Starten Sie einfach mit zwei Kenngrößen: Klarheit und Ehrlichkeit. Fragen Sie in der frühesten Phase der Kontaktaufnahme nach den konkreten Anforderungen eines Kandidaten und nehmen Sie diese unbedingt ernst! Wenn ein Kandidat zum Beispiel sagt, dass er nur für die Hälfte seiner Arbeitszeit reisebereit ist, sollten Sie ihm keinesfalls signalisieren, dass dies schon ausreichen wird, falls es nicht der Wahrheit entspricht. Verfallen Sie nicht dem Wunschdenken: „Den überzeuge ich schon!" oder „Ich muss den Bewerber auf Teufel komm raus gewinnen, denn wir haben nur ihn in der Pipeline!" Ich kann Sie nur warnen, dass dies reine Zeitverschwendung ist, da sich niemand von Dingen überzeugen lässt, die er eigentlich gar nicht will. Stellen Sie stattdessen sofort klar, welche Anforderungen beide Seiten haben. Sollten die Erwartungen des Kandidaten deckungsgleich mit denen Ihres Unternehmens sein, haben Sie einen Top-Treffer gelandet!

4.2 Der falsche Freund oder: „Sprechen wir vom selben Level?"

Oft ist das IT-Recruiting nicht von Erfolg gekrönt, weil es bei den Stellenbezeichnungen von „falschen Freunden" nur so wimmelt. Mit „falschen Freunden" werden innerhalb einer Sprache ähnlich klingende Ausdrücke bezeichnet, die jedoch eine komplett andere Bedeutung haben. Auf „falsche Freunde" stößt man beim IT-Recruiting deshalb so häufig, weil es keine geschützten Stellenbezeichnungen gibt. Das heißt konkret: Jedes Unternehmen und jede HR-Abteilung kann beliebige Job-Namen und Job-Level entwickeln.

Ein Beispiel dafür ist der „Senior Manager SAP SCM", der mir in meinem Berufsalltag immer wieder begegnet. Bei Firma x wird unter dieser Bezeichnung ein Projektleiter ohne disziplinarische Führungsverantwortung gesucht, der schwerpunktmäßig im Vertrieb eingesetzt werden soll. Bei Firma y sieht die Sache komplett anders aus. Hier soll der Senior Manager Mitglied der Geschäftsführung und sowohl fachlicher als auch disziplinarischer Bereichsleiter mit Profit- und Loss-Verantwortung werden. Obwohl die beiden Mitarbeiter den gleichen Titel tragen, sind ihre Aufgabengebiete und Position komplett unterschiedlich.

Ein weiteres Beispiel ist der Principal, der in dem einen Unternehmen als ein IT-Experte gehandelt wird, der vor allem dann in Aktion tritt, wenn schwierige fachliche Probleme auftauchen. Der Principal steht hier am Ende seiner Fachkarriere, und das entspricht auch ganz seinem Wunsch. Eine ungleich höhere Hierarchiestufe nimmt der Principal in einer anderen Firma ein, in der er in der Hierarchie gleich nach dem Senior-Berater kommt. Er verfügt in diesem Fall über eine fünfjährige Berufserfahrung und steht vor der Entscheidung, ob er eine Fach- oder Führungslaufbahn anstrebt. Da er sich entweder selbst noch nicht entscheiden konnte oder noch auf eine freie Führungsposition wartet, wurde er von seinem Arbeitgeber einstweilen auf der Principal-Stelle „geparkt".

> **Ein Praxisbeispiel**
> Ralf S. ist SAP CCC-Leiter bei einem international renommierten IT-Beratungshaus und trägt dabei die Verantwortung für mehrere Hundert Mitarbeiter. Da er sich beruflich weiterentwickeln möchte, habe ich ihn einem anderen Beratungsunternehmen empfohlen. Dort führt Ralf S. ein Gespräch mit dem Vice President und dem HR-Manager. Als ich danach mit dem HR-Manager spreche, bin ich zunächst sehr verwundert, da Ralf als Principal einsteigen soll. Ralf selbst ergeht es ähnlich: „Eine solche Stelle hatte ich bei einem anderen IT-Beratungshaus schon vor zehn Jahren!" Erst durch Nachhaken können wir gemeinsam den „falschen Freund" enttarnen: Mit Principal bezeichnet der neue Arbeitgeber eine Stelle, die mit deutlich mehr Verantwortung und Gehalt als Ralfs bisherige Position verbunden ist. Als dies geklärt ist, ist der Weg für Ralfs Wechsel offen.

▶ **Handlungsempfehlung** Wie diese Beispiele zeigen, können sich hinter Stellenbezeichnungen gerade in der IT-Branche vollkommen unterschiedliche Aufgaben und Level verbergen. Um Missverständnissen vorzubeugen, sollten Arbeitgeber die zu besetzenden Stellen mit einer klaren Beschreibung der Hierarchiestufe, Berichtswege und Aufgaben hinterlegen. Ansonsten riskieren sie, dass sich Bewerber nicht ausreichend wertgeschätzt fühlen und die Recruiting-Prozesse abbrechen. Gehen Sie nicht automatisch davon aus, dass jeder Kandidat unter einer angebotenen Position das Gleiche versteht wie Sie!

4.3 Welche Aussagekraft haben Stellenanzeigen?

Sie haben eine Stelle zu vergeben, doch die Suche nach einem geeigneten Kandidaten gestaltet sich alles andere als leicht? Dann sollten Sie darüber nachdenken, ob Ihre Stellenanzeigen wirklich optimal sind. Gerade um die Aufmerksamkeit hoch qualifizierter IT-Fachkräfte wird auf dem Arbeitsmarkt stärker denn je gebuhlt. Obwohl Social Media eine immer größere Bedeutung erlangen, werden die meisten Vakanzen weiterhin auf Online-Jobbörsen ausgeschrieben. Wer hier die besten Bewerber für sein Unternehmen gewinnen möchte, muss sich von anderen Angeboten positiv abheben. Nur wie? Nachfolgend Tipps, worauf Sie bei der Gestaltung einer Stellenanzeige achten sollten.

▶ **Handlungsempfehlung** Dazu haben wir zunächst eine Vielzahl einschlägiger Ratgeber ausgewertet und zusammengefasst:

- Stellenanzeigen sind ein wichtiges Instrument der Personalsuche. Um die gewünschte Wirkung zu erzielen, müssen sie treffsicher formuliert sein.
- Optimierungsmöglichkeiten gibt es auch beim Gestalten der Anzeigen. So sollten diese nach der „5-W-Regel" und damit aus fünf Textpassagen aufgebaut sein: „Wir sind/Wir suchen/Wir erwarten/Wir bieten/Wir bitten um …"
- Ebenso entscheidend ist der Titel für den Erfolg einer Stellenanzeige. So sollte daraus klar hervorgehen, um was für einen Job es sich handelt.
- Bevor Sie ein Stellenangebot aufgeben, sollten Sie sich darüber bewusst werden, in welcher Zielgruppe Sie suchen und wo Ihre Kandidaten gut zu erreichen sind. Junge Informatiker wird man vermutlich eher über Online-Anzeigen finden als über Printanzeigen in Tageszeitungen, wie die folgenden Zahlen zeigen. Danach wird das Internet von Jobsuchenden in den verschiedenen Branchen wie folgt genutzt:
  - 84 %: Medien-Bereich
  - 81 %: IT-Branche
  - 72 %: Dienstleistungssektor
  - 67 %: Verwaltung

Bei der Auswertung der Ratgeber-Literatur kamen wir zum Ergebnis, dass das Thema Stellenanzeige bis heute ein Schattendasein fristet und sich in den vergangenen Jahren nicht weiterentwickelt hat – obwohl Anzeigen zu den elementarsten Recruiting-Werkzeugen zählen. Denn noch immer wird in den Ratgebern lediglich über die Basics gesprochen! BMW wirbt für die 5er-Reihe doch auch nicht damit, dass die Autos vier Räder und ein Lenkrad haben, oder? Das heißt für Arbeitgeber, die attraktive Kandidaten gewinnen wollen, dass sie schon in der Stellenanzeige deutlich machen müssen, was einzigartig an ihnen ist.

Dass dies in der Vergangenheit kaum gelungen ist, zeigte unter anderem das HR Barcamp 2015 in Berlin. Hier diskutierten 160 Personaler und Personaldienstleister über die brennendsten Themen in der Branche. Vielfach war die Stellenanzeige Gesprächsthema Nummer eins oder zumindest ein wichtiger Teilaspekt der Diskussion. Dabei stellte sich heraus, dass Stellenbeschreibungen und Stellenanzeigen bei den Bewerbern schlecht abschneiden. Denn sie enthalten zu viele Floskeln, nichtssagendes Marketing-Geplänkel und überzogene Forderungen an die Kandidaten. Stattdessen sollten sie den Bewerbern vor allem ein Gefühl dafür vermitteln, wie es ist, bei einem Unternehmen zu arbeiten.

Schreiben Sie bessere Stellenanzeigen!
Das Ergebnis des HR Barcamps war: Personaler müssen schreiben lernen! Gemeint sind nicht Rechtschreibung und Grammatik, sondern Geschichten. Vielleicht klingt das für Sie etwas merkwürdig, wenn Sie in Stellenanzeigen bislang nur Listen mit Forderungen an die Kandidaten beschrieben haben.

Schreiben Sie stattdessen doch einmal eine Geschichte und geben Sie einem passenden Kandidaten eine Rolle darin. Stellen Sie dar: Warum tut Ihr Unternehmen das, was es tut? Wie tut Ihr Unternehmen das, was es tut? Was genau macht die Abteilung und welche Rolle in der Abteilung spielt der neue Kollege? Kurzum: Bewerben Sie sich beim Bewerber!

Stellenanzeigen sollten emotionaler sein
Viele Stellenangebote und Anzeigentexte sind langweilig und schaffen es nicht, geeignete Kandidaten zu überzeugen. Finden Sie stattdessen heraus, mit welchem Kandidaten Sie arbeiten möchten, welche Internet-Seiten er besucht und wofür er sich interessiert. Dann schreiben und platzieren Sie Ihre Stellenanzeige so, dass sie ihm möglichst auffällt. Wenn Sie das gut machen, ziehen Sie die Wunschkandidaten an und halten sich die anderen vom Leib. Dabei empfiehlt es sich, den Vorgesetzten aus der Fachabteilung als Anforderer für eine neue Stelle hinzuzuziehen und ihn „aus dem Bauch heraus" erklären zu lassen, warum sich ein Kandidat auf diese Stelle bewerben sollte. Dann nehmen Sie diese emotionale Beschreibung (die Fakten kennen Sie ja schon) und beschreiben nicht nur die Aufgaben, sondern auch das künftige Umfeld des neuen Stelleninhabers! Als Quercheck sollten Sie sich die Frage stellen, ob Sie sich auf diese Anzeige bewerben würden und, wenn ja, warum.

> **Ein Praxisbeispiel**
> Als Beispiel für eine gelungene Ideenfindung für eine neue Stellenanzeige sei ein Workshop genannt, den ein kleines IT-Beratungshaus mit seinen Mitarbeitern veranstaltete. Auf die Frage, welche Vorteile die Arbeit in diesem Unternehmen bietet, kristallisierte sich nach längerer Diskussion unter den Teilnehmern folgender Anzeigentext heraus: „Unsere Firma zählt 35 Mitarbeiter und ist seit rund neun Jahren am Markt. Wenn Sie die Vorzüge einer Start-up-Kultur genießen und sich trotzdem in einem finanziell sicheren Umfeld bewegen möchten, dann sind Sie bei uns genau richtig! Wir suchen den 36. Mitarbeiter, der seinen Job frei gestalten und die Arbeitszeiten seinem individuellen Biorhythmus anpassen möchte, nicht der Stempeluhr."

4.4 Wie sieht der ideale Mitarbeiter aus?

Was denken Sie, welche Eigenschaften und Fähigkeiten sich IT-Unternehmen vom idealen Mitarbeiter wünschen? Diese Frage stelle ich immer wieder meinen Kunden, wenn wir in Workshops über optimale Stellenbesetzungen diskutieren. Dabei erhalte ich sehr unterschiedliche Antworten, die unterschiedliche Rückschlüsse erlauben.

4.4.1 Der Unternehmer im Unternehmen

Vielfach wird an mich der Wunsch nach Managern und Mitarbeitern herangetragen, die als Unternehmer im Unternehmen wirken. Welche Anforderungen dies beinhaltet, erläutert der US-amerikanische Managementvordenker Peter F. Drucker in seinem Buch „Innovation and Entrepreneurship" (1985).

Danach befasst sich ein Manager mit dem Bestehenden, indem er Produkte und Prozesse im Unternehmen verbessert. Das heißt, er handelt durchaus aktiv, verantwortungsvoll und initiativ – jedoch stets im Rahmen des vorhandenen Geschäfts. Demgegenüber steht der kreative Unternehmer, der das bestehende Geschäftsmodell hinterfragt und alles verändern will. Sobald er mit seinen neuen Produkten und Geschäftsideen erfolgreich ist, verliert er das Interesse daran und wendet sich neuen Herausforderungen zu.

Unternehmerisch denkende und handelnde Manager und Mitarbeiter sind also unentbehrlich, um die Innovationsfähigkeit und damit das Überleben eines Unternehmens langfristig zu sichern. Doch müssen solche Mitarbeiter gezielt entwickelt werden – etwa, indem die Unternehmens- oder Bereichsleitung sie in die Strategieentwicklung einbindet. Nützlich könnte auch sein, in der eigenen Organisation „Start-ups" zu gründen, in denen der Führungsnachwuchs seine unternehmerischen Fähigkeiten testen und ausprägen kann.

4.4.2 Lieber angepasst als selbstbewusst?

„Die meisten der untersuchten Unternehmen bevorzugen angepasste Beschäftigte." Zu diesem Ergebnis kommt Dr. Andrea Derler als Leiterin einer Studie der FernUniversität Hagen (2015). Danach sind die am häufigsten gewünschten Eigenschaften Verlässlichkeit, Produktivität, Loyalität, Fleiß, Höflichkeit und Teamfähigkeit. Zu den unerwünschten Eigenschaften zählen Selbstbewusstsein, Unbelehrbarkeit und Abweichung von Firmentrends. Selbstbewusste und fröhliche Mitarbeiter sind in den Unternehmen also nicht gern gesehen.

Der Innovationskraft von Organisationen ist der Wunsch nach angepassten Mitarbeitern jedoch abträglich. Zudem steht er im Widerspruch zur Außendarstellung von Unternehmen, die sich meist als innovativ und offen für Neues bezeichnen. Daher kommt Andrea Derler in ihrer Studie zu dem Schluss: „Den meisten Führungskräften sind ihre impliziten Anforderungen nicht bewusst" (Derler 2015). Doch führen diese Anforderungen dazu, dass immer ähnliche Kandidatinnen und Kandidaten ausgewählt werden, die das Unternehmen im Zweifelsfall kaum voranbringen.

Meine langjährigen Erfahrungen in der SAP- und IT-Personalberatung bestätigen diese Sicht. Immer wieder musste ich feststellen, dass Manager bei Neueinstellungen eher Kandidaten berücksichtigen, die angepasst und fachlich unterlegen wirken. Denn es erscheint ihnen einfacher, solche Mitarbeiter zu führen. Allerdings zahlen Unternehmen bei dieser Recruiting-Praxis einen hohen Preis, denn sie könnten deutlich höhere Tagessätze am Markt mit Mitarbeitern erzielen, die innovativ und kreativ sind. Allerdings lassen sich solche Mitarbeiter angemessen nur über Persönlichkeit und Erfahrung führen, und dies mag für manchen Manager deutlich schwieriger als über ein strenges Reglement sein.

Daher richtet sich ein Großteil der Unternehmen noch immer nach dem „Durchschnittsfetisch". Dies kann auf den ersten Blick nachvollziehbar sein, denn es ist damit einfacher, Einzelpersonen zu beurteilen und miteinander zu vergleichen. Menschen sind nun einmal komplizierte Kreaturen.

Statt angepasste Durchschnittstypen zu bevorzugen, sollten Unternehmen bei der Personalauswahl allerdings prüfen, welches Innovationspotenzial Beschäftigte mitbringen. Dieser Ansicht ist zum Beispiel auch Todd Rose von der Harvard-Universität. Danach begehen viele Unternehmen ständig den Fehler, Mitarbeiter nach dem Maßstab des Durchschnitts zu beurteilen, um herauszufinden, wie sehr sie diesem gleichen oder diesen übertreffen (Rose 2016). Ein IT-Unternehmer hat mir einmal gesagt, er stelle prinzipiell nur Mitarbeiter ein, die größere Fähigkeiten aufweisen als er selbst. Der langjährige Erfolg seines Beratungshauses gibt ihm recht.

4.4.3 Change Management erforderlich

Auch wenn sich die meisten Manager ihrer Erwartungen an die Kandidaten nicht explizit bewusst sind, wünschen sie sich Mitarbeiter, die sich in den Arbeitskontext und die Organisationskultur im Unternehmen integrieren. Wird die Arbeitsumgebung zum Beispiel als effizienzorientiert wahrgenommen, wollen sie keine kreativen, sondern effiziente Mitarbeiter.

Damit die Integration funktioniert, müssen sich HR-Verantwortliche und Manager permanent darüber verständigen. Vollzieht ein Unternehmen zum Beispiel gerade einen Wandel von steilen hin zu flachen Hierarchien, muss gleichzeitig das Mitarbeiterbild der Führungskräfte erfasst werden. Stellt sich heraus, dass sich ein Großteil der Manager Mitarbeiter wünscht, die dem bisherigen Strukturmodell entsprechen, sollten die Personalverantwortlichen schleunigst entsprechende Change-Management-Maßnahmen für die Führungskräfte auf den Weg bringen.

> **Mike Rübsamen, Geschäftsführer und Gründer der 2bits GmbH**
> „Unser Recruiting folgt dem Grundsatz ‚Hire for attitude – train for skills'. Ein Bewerber sollte uns das Gefühl vermitteln, unbedingt bei uns arbeiten zu wollen. Zudem legen wir höchsten Wert darauf, dass der Mitarbeiter sowohl 2bits weiterentwickelt als auch von uns weiterentwickelt werden kann. Ansonsten wird es eine Ehe von nur kurzer Dauer."

▶ **Handlungsempfehlung** Vergessen Sie das Bild des idealen Mitarbeiters – es entspringt einem Märchen, es gibt ihn nicht! Wichtig ist, dass Sie nach Menschen suchen, die sich in Ihren Arbeitskontext und Ihre Unternehmenskultur einbinden lassen, dabei aber genügend Innovationsgeist und Kreativität zeigen, um Ihr Unternehmen voranbringen zu können. Dies gilt gerade bei Stellenbesetzungen, bei denen „Unternehmereigenschaften" gefragt sind. Trauen Sie sich ruhig, „Querdenker" einzustellen, sofern Sie eine Stelle anbieten können, auf der die damit verbundenen Eigenschaften benötigt werden!

4.5 „Magic Moment": Die richtigen Leute zum richtigen Zeitpunkt finden!

Auf den „Magic Moment" im Recruiting-Prozess kommt es vor allem dann an, wenn eine Stelle zu besetzen ist, die einem Unternehmen einen strategischen Mehrwert verschaffen soll. In solchen Fällen nehme ich die Kandidaten ganz genau unter die Lupe und prüfe, ob sie zur Kultur und zum Spirit eines Unternehmens passen. Dabei hilft es mir, wenn ich beide Seiten zum Beispiel in Pkw-Marken klassifiziere und zu dem Schluss komme, dass es sich um einen „Porsche" und einen „Käfer" handelt, die einfach nicht zueinander passen. In einem vertiefenden

4.5 „Magic Moment": Die richtigen Leute zum richtigen Zeitpunkt finden!

Gespräch lote ich dann aus, ob meine Einschätzung richtig ist. Dieses Vorgehen hat den Vorteil, dass meine Kandidatenvorschläge überwiegend zutreffen, weil ich auf den „Magic Moment" im Bewerbungsprozess höchsten Wert lege.

Ein Praxisbeispiel

Paul S. arbeitet als SAP HANA-Architekt in einem Beratungshaus in Süddeutschland. Er kontaktiert mich, weil er in seiner alten Firma keine Entwicklungsmöglichkeiten mehr sieht und der vielen Dienstreisen überdrüssig ist: „Seit Jahren fahre ich fast die ganze Woche kreuz und quer durch die Bundesrepublik, davon brauche ich nun dringend eine Pause oder einen anderen Arbeitsrhythmus. Meine neuer Arbeitgeber sollte entweder ein Start-up sein oder zumindest einen so innovativen Spirit haben, dass jeder Mitarbeiter Lust auf neue Themen und Projekte verspürt!"

Mit diesen zentralen Informationen schlage ich Paul S. die Kontaktaufnahme zu einem IT-Dienstleister in Hamburg vor, von dem ich überzeugt bin, dass er genau diesen Start-up-Spirit verkörpert. Ich soll recht behalten: Schon drei Tage später wird Paul S. vom Geschäftsführer zu einem ersten ausführlichen Gespräch eingeladen. Bereits wenige Tage danach findet ein zweites Gespräch mit Fachkollegen statt, und innerhalb kurzer Zeit hat Paul S. einen unterschriftsreifen Vertrag auf dem Tisch. Er zeigt sich sehr beeindruckt von dem Tempo und der Treffsicherheit des Bewerbungsprozesses. Ich habe den „Magic Moment" offenbar genau getroffen!

▶ **Handlungsempfehlung** Lassen Sie sich bei der Auswahl neuer Mitarbeiter nicht von aktuellem Projektdruck verleiten, jemanden einzustellen, der nicht zu Ihrer Unternehmenskultur passt. Andernfalls besteht die Gefahr, dass Sie Ihr Firmenprofil verwässern und damit auch Ihren Mitarbeitern schaden. Es ist selbstverständlich, dass die fachlichen Fähigkeiten eines Kandidaten stimmen müssen, jedoch ist das nur die halbe Miete. Stimmt die persönliche Seite nicht, sollten Sie auch den Mut haben, einen Bewerber abzulehnen!

Michael Weise, Geschäftsführer der Movilitas Consulting GmbH
„In der Tat spüre ich oft sehr schnell, ob ein Kandidat zu uns passt. Vor allem muss er einen Draht zu unserer offenen Firmenkultur haben. Während wir im Kundenkontakt absolut professionell auftreten, sind wir im Innenverhältnis eher locker und pflegen wenig Hierarchie und Bürokratie.

So hat mir ein Kandidat einmal berichtet, dass er dachte, er sei bei Google, als er unsere Büroräume in Mannheim betrat. Was für ein Statement! Das heißt im Umkehrschluss, dass ein in großen Konzernen gewachsener Mitarbeiter bei uns eventuell nicht glücklich wird. Ob ein Bewerber fachlich gut ist, sagt uns sein CV, ob er persönlich zu unserer Kultur passt, das Gefühl. Sind beide Dinge erfüllt, spreche ich von einem ‚Magic Moment'.

Der stellte sich leider nicht ein, als wir vor einiger Zeit einen neuen Entwicklungsleiter suchten. Dazu hatten wir einen Kandidaten eingeladen, der fachlich zwar ein Toptreffer war, uns im persönlichen Gespräch jedoch nicht überzeugte. Daher sagten wir ihm schweren Herzens ab, obwohl wir die Vakanz dringend besetzen mussten – Bauch schlägt nun einmal Kopf. Es ist in solchen Fällen wichtig, sich nicht vom Projektdruck leiten zu lassen, sondern vom Gefühl. Und das sagte uns, dass der Bewerber rein gar nicht zu Movilitas passte. Es hätte sich nur um einen kurzfristigen Versuch gehandelt, ein Loch zu stopfen, nicht um eine langfristige Unterstützung. Denn mir ist es wichtig, dass ich Mitarbeiter habe, mit denen ich langfristig und nachhaltig zusammenarbeiten kann."

Literatur

Derler A (2015) Was Führungskräfte von idealen Mitarbeitern erwarten. https://www.fernuni-hagen.de/universitaet/aktuelles/2015/03/2015_03_23_am_studie_der_ideal_mitarbeiter_fernuniversitaet.shtml. Zugegriffen: 8. Apr. 2016

Drucker PF (1985) Innovation and entrepreneurship. HarperCollins, London und New York

Herrmann B (2016) Die Auswahl: Wie eine neue starke Recruiting-Kultur den Unternehmenserfolg bestimmt. Wiley-VCH, Weinheim

Pape (2014) Studie Recruiting Trends 2014. http://www.pape.de/aktuelles/studie-recruiting-trends-2014.html. Zugegriffen: 14. Mai 2016

Rose T (2016) The end of average. HarperCollins, New York

Softgarden (2015) Studie „Bewerbungsverfahren und Markenwahrnehmung – Wie Recruitingprozesse Marken beeinflussen". https://www.softgarden.de/unternehmen/presse/marken-bewerbungsverfahren/#sthash.Mwacw9XV.dpuf. Zugegriffen: 4. Apr. 2016

Recruiting-Strategien von Start-ups

5

> **Zusammenfassung**
>
> Warum sind Start-ups gerade bei den begehrten „Machertypen" unter den Bewerbern so attraktiv? lautet die Frage, der dieses Kapitel nachgeht. Start-ups und Jungunternehmer plaudern aus dem Nähkästchen und nennen als Zugpferde vor allem offene Unternehmensstrukturen, innovative Geschäftsideen und ihr rasantes Entwicklungstempo. Hinzu kommen neue Methoden und Kanäle der Personalgewinnung. Auch die eigentlichen Bewerbungsverfahren sollten von Flexibilität geprägt sein. Statt klassischer Bewerbungsgespräche setzen immer mehr IT-Arbeitgeber auf erste Treffen in zwangloser Atmosphäre und laden die Kandidaten zum Beispiel zum Mittagessen im Beisein ihrer künftigen Kollegen ein.

5.1 Was macht Start-ups so attraktiv?

5.1.1 Aufbau vor Struktur

Wie die Praxis zeigt, fühlt sich eine ganz besondere Spezies von Kandidatinnen und Kandidaten von Start-ups und jungen Unternehmen magisch angezogen: Es sind die „Machertypen", die es bevorzugen, im „Freestyle" zu arbeiten, und die Freude an der Arbeit bewusst über Hierarchien und die Karriere stellen. Genau diese Art von Mitarbeitern brauchen auch die am Markt bereits etablierten Unternehmen, um Innovation und Wachstum voranzutreiben. Daher sind diese gut beraten, ihre oft starren Organisationsstrukturen zu lockern, um neue Geschäftsideen entwickeln zu können.

© Springer-Verlag GmbH Deutschland 2017
F. Rechsteiner, *Kulturbasiertes IT-Recruiting*,
DOI 10.1007/978-3-662-54680-2_5

5.1.2 Recruitainment: Talentsuche mit Spaßfaktor

Beim Recruitainment handelt es sich um eine von Start-ups entwickelte Methode der Kandidatensuche, die sich auch bei gestandenen Personalern immer größerer Beliebtheit erfreut. Verknüpft werden klassische Formen des Recruitings mit Infotainment und Unterhaltung. Recruitainment bietet für beide Seiten im Bewerbungsprozess neue Aspekte: Während Bewerber im Rahmen von Events über bestimmte Berufe innerhalb eines Unternehmens informiert werden, gewinnen Arbeitgeber gezielt Einblicke in die Persönlichkeit und fachlichen Kompetenzen der Kandidaten. Darüber hinaus können Unternehmen ihre Kultur erlebbar machen und Bewerbern spielerisch zeigen, wie ihr künftiger Berufsalltag aussehen kann und wer die Köpfe und Kollegen des potenziellen Arbeitgebers sind. Anders als zum Beispiel beim klassischen Vorstellungsgespräch steht beim Recruitainment das gemeinsame Erleben in lockerer Atmosphäre im Vordergrund.

Wie so etwas aussehen kann, zeigen zahlreiche Beispiele aus der Praxis. So ist immer wieder von „IT-Job-Shuttles" zu hören, kuratierte Bustouren, die Kandidaten zu Unternehmen aus der Kreativwirtschaft in der Region bringen. Vor Ort können die Teilnehmer die potenziellen Arbeitgeber in Kurzvorträgen und Einzelgesprächen kennenlernen. Ein Quiz mit Preisverleihung verleiht der Veranstaltung eine spielerische Note.

Es geht aber auch abenteuerlicher. Beliebt sind so genannte „Live Escape Games", bei denen eine Gruppe von Kandidaten in einen geschlossenen Container eingeschlossen wird. Dort müssen sie innerhalb einer bestimmten Zeit mehrere Aufgaben erfüllen und einen Weg finden, um sich aus dem Container zu befreien („Big Brother" lässt grüßen!). Der Clou: Neben den üblichen Skills wie Teamfähigkeit und analytischem Denkvermögen müssen die Teilnehmer auch ihre Kenntnisse in Programmiersprachen wie Python oder Ruby on Rails unter Beweis stellen.

Recruitainment-Strategien kommen besonders gut bei den Nachwuchstalenten aus der Generation Y oder Z an. Beide Altersgruppen streben eine große Work-Life-Balance an und sind der Meinung, dass nicht sie als Bewerber zum Arbeitgeber passen müssen, sondern umgekehrt. Recruitainment adressiert diese Bedürfnisse in vielfacher Hinsicht.

5.1.3 Social und Mobile Recruiting

Start-ups suchen bevorzugt in sozialen Netzwerken nach möglichen Kandidaten – nicht ohne Grund. Denn in Netzwerken sind die Postings im Gegensatz zu den meisten Jobbörsen kostenlos, schnell erstellt und können darüber hinaus von den Usern direkt mit Freunden und Bekannten geteilt werden. Damit erhöht sich die Reichweite einer Stellenanzeige rasch um ein Vielfaches. Doch sollten Arbeitgeber darauf achten, dass sie die Ansprache auf die Zielgruppen in den einzelnen Kanälen zuschneiden. So darf auf Facebook der Ton in der Regel lockerer sein als auf Karriereplattformen wie Xing oder LinkedIn. Auch inhaltlich ist Feingefühl gefragt: Unpersönliche Nachrichten werden rasch als Spam empfunden.

Ein weiterer wichtiger Kanal ist das Mobile Recruiting. Nach einer Studie von Glassdoor gehen 84 % der Jobsuchenden davon aus, dass die mobile Jobsuche die PC-basierte Jobsuche bis spätestens 2018 komplett abgelöst haben wird (2013). Aus Unternehmersicht bieten sich für die mobile Kandidatensuche als ideale Werkzeuge Karriere-Apps, mobile Versionen von Karriereseiten und Mobile Tagging, also die Verwendung von Barcodes auf Printplakaten und Anzeigen, an. Ein entscheidender Vorteil liegt in der Schnelligkeit der mobilen Kommunikation und der ortsunabhängigen Erreichbarkeit der Zielgruppe.

5.1.4 Start-up-Recruiting ist Chefsache

Dass Recruiting reine Chefsache ist, ist jungen Unternehmensgründern bekannt. Dies liegt nicht nur daran, dass Start-ups meist über keine ausgewiesenen HR-Abteilungen verfügen, sondern es bietet auch den Vorteil kurzer Wege und schneller Entscheidungen, den Bewerber durchaus zu schätzen wissen. So ist es bei Start-ups nicht selten der Fall, dass Kandidaten gleich nach dem ersten Gespräch eingestellt werden. Damit einher geht jedoch die Gefahr, dass unerfahrene Gründer nur neue Mitarbeiter mit ähnlichen Werdegängen und Qualifikationen rekrutieren. Damit keine zu homogenen Teams mit wenig kreativer Energie entstehen, sollten Start-ups – genauso wie etablierte Unternehmen – bei der Personalgewinnung explizit auf Cultural Diversity achten. Cultural Diversity bezeichnet die kulturelle Vielfalt von Mitarbeitern aus unterschiedlichen internationalen Kulturkreisen, die eine wichtige Voraussetzung für den Erfolg von Unternehmen im globalen Wirtschaftsraum darstellt. Aber auch die Stellung auf nationalen Absatzmärkten wird durch die soziale und kulturelle Bereicherung gestärkt.

Die großzügige Finanzierung und der wirtschaftliche Erfolg vieler Start-ups werden weiterhin in hohem Maß Innovatoren und Top-Talente anziehen. Daher sollten auch etablierte Konzerne und Unternehmen auf neue Methoden und Kanäle der Kandidatensuche setzen, wie von Start-ups längst erfolgreich angewandt.

5.2 Welche Recruiting-Strategien können wir von Start-ups übernehmen?

Wie oben beschrieben, gibt es spezielle Methoden der Personalgewinnung, die für verschiedene Firmentypen und Zielgruppen geeignet sind. Daher sollten Sie genau entscheiden, welche Methode zu Ihrem Unternehmen und den Bewerbern, die Sie suchen, passt. Zu den verschiedenen Recruiting-Möglichkeiten kommt zunächst ein Unternehmensvertreter zu Wort.

> **Mike Rübsamen, Geschäftsführer und Gründer der 2bits GmbH**
> „Als mittelständischer Arbeitgeber können wir natürlich nicht mit den Angeboten großer IT-Beratungshäuser mithalten. Dafür haben wir besondere Möglichkeiten, die es nur bei uns gibt. Ein Beispiel: Wir suchten einen Experten für SAP-Einkaufslösungen, der nicht nur in unseren Kundenprojekten eine führende Rolle spielt, sondern auch die Ausbildung und das Coaching unserer jungen Mitarbeiter übernehmen sollte. Somit stellt diese Position eine zentrale Rolle in unserem Unternehmen dar. In unserem Netzwerk fiel uns ein hoch qualifizierter SAP SRM-Spezialist auf, der bei einem sehr großen Unternehmen beschäftigt war. Ich sprach ihn bei einer Veranstaltung an, lud ihn zu einem ersten Gespräch ein und offerierte ihm dabei die folgenden Vorteile einer Zusammenarbeit:
>
> - Als Stelleninhaber bearbeiten und begleiten Sie federführend den gesamten Kunden- und Projektprozess: vom Angebot über die Projektleitung und Umsetzung bis hin zur täglichen Kundenbetreuung. Ihr Aufgabengebiet stellt somit eine besondere Verantwortung und Herausforderung dar, denn Sie entwickeln unsere Kunden aktiv weiter.
> - In unserer Firma gibt es keinen Dresscode – wenn die Entwickler hier in Flipflops arbeiten möchten, dann bitte schön! Das heißt konkret: Sie können leger gekleidet ins Büro kommen. Wenn mit Kundenbesuch zu rechnen ist, kündigen wir dies vorher an.
> - Dazu passt, dass wir unseren Mitarbeiterinnen und Mitarbeitern einen enorm hohen Freiheitsgrad einräumen, wie sie ihre Arbeit erledigen möchten. Unser Fokus liegt auf den Ergebnissen, nicht auf dem Weg, wie diese erreicht werden.
> - 2bits setzt auf flache Hierarchien: Es gibt nur Geschäftsführer, Teamleiter – und Mitarbeiter.

- Wie diese Beispiele zeigen, ist es uns wichtig, die Arbeitsumgebung den Mitarbeitern anzupassen, nicht umgekehrt. Darin besteht unser Erfolgsrezept als mittelständisches Unternehmen.

▶ **Mike Rübsamens Strategie-Empfehlung** Ein Nischenplayer wie 2bits lebt von der Persönlichkeit seiner Firmengründer und Firmenlenker. Daher ist es mir sehr wichtig, mich intensiv um neue Mitarbeiter zu kümmern – vom Recruiting über die Einarbeitung bis hin zur täglichen Projektroutine. Da unser Markt und seine Teilnehmer sehr übersichtlich sind, spreche ich mögliche Kandidaten direkt an, zum Beispiel auf Messen. Stellen Sie sich vor, welche positive Wirkung dies hat – von einem Geschäftsführer höchstpersönlich angesprochen und zum Vorstellungsgespräch eingeladen zu werden! Über diese direkte Ansprache hinaus rate ich kleineren Unternehmen zu Social Recruiting, also zur Personalgewinnung über soziale Plattformen. Denn auch auf diesem Weg lassen sich qualifizierte Kandidaten finden, wenn ein Geschäftsführer selbst die Ansprache übernimmt."

Ein Praxisbeispiel
Der Vorstand eines BI-Beratungsunternehmens mit Fokus auf SAP und SAS gibt an, dass es in seinem Haus für klassische Stellenanzeigen, Aufträge an Job-Portale oder Social-Media-Agenturen einfach an Zeit und Ressourcen fehle. Stattdessen nennt er folgende Recruiting-Strategien:

- „**Bewerbungsgespräch.** Bei uns gibt es kein klassisches Bewerbungsgespräch. Wir laden unsere Kandidaten meist zum Essen ein, um sie in lockerer Atmosphäre kennenzulernen. Neben dem künftigen Vorgesetzten ist auch ein Kollege dabei, damit sich ein Bewerber schon im Vorfeld ein Bild machen kann, mit welchen Personen er es später zu tun haben wird. Damit beziehen wir auch die Kollegen von Anfang an in die Personalentscheidungen ein.
- **Auswahlkriterien.** Im Vordergrund eines jeden Treffens steht die Frage, ob die Kandidatin oder der Kandidat ins Team passt. Erst danach erst kommen die fachlichen Fähigkeiten, die sind meist kein großes Thema, weil wir uns davon schon im Vorfeld durch den CV und andere Bewerbungsunterlagen überzeugt haben. Wenn die persönliche Seite stimmt und ein Grundvertrauen da ist, können mögliche fachliche Deltas im Alltag geschlossen werden – das ist der einfachere Part.

- **Entscheidung.** Personalentscheidungen werden bei uns vom Team gefällt, nicht allein vom Vorgesetzten. Sollte ein Kollege Bedenken äußern, sagen wir lieber einem Kandidaten ab.

Um unser Alleinstellungsmerkmal als Arbeitgeber zu identifizieren, habe ich einmal meine Mitarbeiter gefragt, warum sie sich für ein Start-up wie unser Beratungsunternehmen entschieden haben und nicht für ein großes Beratungshaus. Die Antworten haben mich doch etwas verblüfft.

So bekam ich oft zu hören, dass die Mitarbeiter sehr stark von unserer Wachstumsstory profitieren – nicht nur finanziell, sondern auch persönlich. Ein Beispiel dafür sei unsere internationale Expansion. Tatsächlich hatten wir erkannt, dass viele Nachwuchskräfte im Ausland arbeiten wollen, und daher eine neue Niederlassung in London gegründet. Standorte in anderen Ländern werden folgen. Sollte ein Mitarbeiter zum Beispiel den Wunsch hegen, nach Australien auszuwandern, würden wir ihm sagen: Gründe dort eine Geschäftsstelle und versuche dein Glück! Dies sei, sagten mir die Mitarbeiter, ein Riesen-Commitment und wollten von mir wissen, warum wir dies so handhaben. Weil der Mitarbeiter sowieso nach Australien gehen würde und wir ihn dann verlören, lautete meine Antwort. Wir versuchen einfach nur, Chancen zu nutzen – natürlich unter der Voraussetzung, dass der Mitarbeiter auch tatsächlich bereit ist, in Australien als BI-Berater tätig zu sein."

Die Strategie-Empfehlung des Geschäftsführers lautet also: „Es zählt zu den zentralen Alleinstellungsmerkmalen meines Unternehmens, auf Vertrauen und Persönlichkeit zu setzen. Die Mitarbeiter erhalten fachliche und persönliche Wachstumschancen sowie Mitspracherechte bei Entscheidungen. Das spricht sich sehr schnell herum und hat sich auch schon auf unsere Recruiting-Erfolge ausgewirkt. Wir merken, dass wir immer mehr hoch qualifizierte Mitarbeiter anziehen."

„Hire for attitude, train for skills"

Wie die Beispiele der beiden Unternehmensvertreter zeigen, bestehen große Unterschiede in der Recruiting-Strategie von jüngeren und etablierten IT-Beratungsunternehmen. Diese zeigen sich schon beim Bewerbungsgespräch. Bei Start-ups zählt weniger der Titel eines Kandidaten, sondern das Talent und Potenzial. Quereinsteiger sind hier beliebter, da es mehr auf die Zukunftsperspektive eines Bewerbers ankommt als auf das bisher Geleistete. Die klassischen Kriterien für eine Konzernkarriere sind hingegen: kurze Studiendauer, Einser-Abschluss an einer Top-Universität und ein Lebenslauf ohne Lücken.

Gute Arbeit, Kommunikationsstärke und Teamgeist sind damit jedoch längst nicht garantiert. Diese sind aber bei Mitarbeitern in kleineren Unternehmen und Start-ups unverzichtbar, denn im Gegensatz zu Konzernen gibt es hier meist keine „Gouvernanten", die die Jobeinsteiger nach Plan einarbeiten und systematisches „Onboarding" betreiben. Auch werden in Start-ups Konflikte im Team kaum von professioneller Seite eskaliert oder vermittelt.

Gründer suchen meist besonders flexible Mitarbeiter, die sich schnell in neue, noch nicht endgültig festgelegte Themen und Prozesse einarbeiten. Diese sollen sie selbstständig vorantreiben, hart in der Sache, aber verbindlich in der Art. Keine Seltenheit ist es auch, dass Mitarbeiter in kleineren Beratungshäusern innerhalb kurzer Zeit ihre Aufgabenbereiche wechseln müssen – wenn die Arbeit oder das Projekt es verlangt. Doch gerade in solch offenen Strukturen liegt der Charme, den kleine Unternehmen und Start-ups für „Machertypen" haben. Wenn die Motivation stimmt und der „Fit" ins Team passt, fügt sich alles andere auch, zum Beispiel der Aufbau von fachlichem Know-how vom ersten Arbeitstag an. Das Motto im Personalbereich junger Firmen: „Hire for attitude, train for skills."

Um die Eingangsfrage zu beantworten – „Welche Recruiting-Strategien können wir von Start-ups übernehmen?" –, benutze ich eine typische Berater-Formel: „Das kommt darauf an." Nämlich auf Ihre Ziele, Zielgruppen und Ihr Unternehmen. Bitte beachten Sie, dass es auf diese Frage keine seriöse, allgemeingültige Antwort gibt. Doch kann es Ihnen helfen, dazu mit erfahrenen Recruiting-Spezialisten zusammenzuarbeiten, um gemeinsam eine authentische Antwort für Ihre Firma zu finden.

> **Ein Praxisbeispiel**
> Seit Monaten, wenn nicht sogar Jahren beobachte ich bei vielen Konzernen eine gefährliche Tendenz, die ich als „Anti-Start-up-Strategie" bezeichne. Sie besteht darin, bestimmte Recruiting-Prozesse, wie die Terminierung von Bewerbungsgesprächen, Reisekostenabrechnung und Vertragsgestaltung, ins nahe Ausland zu verlagern. Mögen diese Maßnahmen aus Kostengründen plausibel sein, stellen sie aus Prozesssicht – was die Qualität und Geschwindigkeit betrifft – eine Katastrophe dar.
>
> Dazu ein Beispiel: Wir hatten einen sehr guten Big-Data-Spezialisten in den Kontakt mit einem Big Player in der IT-Branche gebracht. Die erste Rückmeldung des Arbeitgebers zu den Bewerbungsunterlagen war sehr positiv und der Kandidat sollte zu einem ersten Gespräch eingeladen werden. Als ich fast zwei Wochen lang nichts mehr vom Unternehmen hörte, fasste ich nach und erhielt ebenso wie der Bewerber nach weiteren fünf Tagen von einem polnischen Absender, einem Dienstleister des Unternehmens, eine E-Mail mit

einem Terminvorschlag. Da mein Kandidat an diesem Tag leider unabkömmlich war, baten wir um einen neuen Termin. Es sollten weitere zehn Tage vergehen, bis wir einen Vorschlag erhielten. Letztlich hat es dann über fünf Wochen gedauert, bis ein erstes Gespräch zustande kam.

Nach einem zweiten Gespräch wurde der Arbeitsvertrag aufgesetzt. Nach erneut sehr langer Wartezeit erhielten wir einen Standard-Vertrag, in dem keiner der mit dem Kandidaten vereinbarten Punkte enthalten war. Neben der Geschwindigkeit ließ also auch die Qualität dieses Recruiting-Prozesses so zu wünschen übrig, dass der Kandidat das Verfahren sehr verärgert abbrach. Ein Paradebeispiel, wie man hoch qualifizierte Bewerber vergrault, bevor es eigentlich losgeht!

▶ **Handlungsempfehlung** Auch wenn in Start-ups nicht alles Gold ist, was glänzt, lassen sich von ihnen doch einige sehr gute Methoden und Strategien für den Recruiting-Prozess lernen. Achten Sie bitte genau darauf, welche Kandidaten mit welchen Eigenschaften zu Ihnen passen. Generell sind Start-ups bei Menschen mit Gründerfähigkeiten beliebt. Denn diese identifizieren sich mit dem Geschäftsmodell, denken eigenständig mit, bringen neue Ideen ein, zeigen sich lernwillig, packen selbst mit an und wollen vor allem flexibel sind. Können Sie diesen Menschen ein Umfeld bieten, das sie sich optimal entfalten lässt?

Die eigentlichen Bewerbungsverfahren sollten von Flexibilität geprägt sein. Unabhängig von Ihrer Recruiting-Strategie sollten Sie sich fragen, ob Ihr Unternehmen an Standardverfahren festhält oder in der Lage ist, flexibel zu agieren. Diese Fähigkeiten zeichnen Start-ups aus und sollten auch für etablierte Unternehmen ein entscheidendes Kriterium bei der Personalgewinnung sein.

5.3 Warum sind Start-ups bei Bewerbern so beliebt?

Start-ups sind mehr als nur ein „Plan B" für Jobsuchende. Vor allem in der Internetbranche sind die Möglichkeiten von innovativen Geschäftsideen und -modellen noch lange nicht ausgeschöpft. In diesem Bereich siedeln sich viele der jungen Start-up-Unternehmen an und tragen mit ihrer eigenen Dynamik zur rasanten Entwicklung des Internets bei.

Jedoch ist nicht nur das Arbeiten bei den klassischen IT- und Internet-Start-ups spannend (Berlin lässt grüßen!), sondern auch bei jungen Beratungshäusern wie der 2bits GmbH. Diese Firma kann zwar nicht als klassisches Start-up bezeichnet werden, hat aber ähnliche Eigenschaften: Sie beschäftigt unter 50 Mitarbeitern, ist selbst finanziert und Nischenanbieter.

Start-ups haben den besonderen Reiz, dass in den meisten noch keine festen Strukturen herrschen. Zwar existiert eine grobe Einteilung in verschiedene Abteilungen, jedoch packt aufgrund der flachen Hierarchien jeder bei anfallenden Aufgaben mit an: „Hands-On"-Mentalität ist in Start-ups gelebte Praxis. Dazu zählt auch die Aufgabenvielfalt für jeden Einzelnen. Ein positiver Nebeneffekt ist die steile Lernkurve, denn bei den vielen Aufgaben gibt es auch geistig viel mitzunehmen.

Ein Job bei einem Start-up-Unternehmen führt dazu, dass viele Erfahrungen gemacht werden, die bei einem großen Unternehmen in dieser Form kaum möglich sind. Selbstständiges Arbeiten verlangt zwar ein hohes Maß an Eigeninitiative und Motivationsfähigkeit, aber dafür sammelt man wertvolle Expertise und erhält tiefe Einblicke in das Geschäftsleben sowie eine interessante Referenz für den Lebenslauf.

Allerdings gibt es in Start-ups auch einige Dinge, die nicht jedem liegen. Da es sich meist um junge Unternehmen mit noch wenigen beruflichen Erfahrungen handelt, ist mancher Arbeitstag chaotisch. Prozessabläufe und die interne Kommunikation müssen erst noch aufgebaut werden und sind Teil der Lernkurve. Zudem ist der Alltag in einem Start-up in aller Regel sehr arbeitsintensiv. Wer einen 9-to-5-Job anstrebt, wird in einem Start-up nicht glücklich werden, denn die Mitarbeit verlangt eine überdurchschnittliche Leistungsbereitschaft. Im Gegenzug erhält man jedoch einen Job, in dem Selbstverwirklichung ein Grundbestandteil der Tätigkeit ist.

Was steht bei Start-ups im Vordergrund?
1. **Persönlichkeit der Mitarbeiter**
   Bei Start-ups arbeiten meist kleinere Teams sehr eng zusammen. Damit dies gelingt, muss die Chemie zwischen den Kolleginnen und Kollegen stimmen. Das zeigt der oft gehörte Spruch: „Sie sollten auch mal Lust haben, mit Ihren Kollegen ein Bier zu trinken, nicht nur zusammenzuarbeiten." Natürlich spielen bei Start-ups die Qualifikationen und Fähigkeiten der Mitarbeiter eine Rolle, doch wird auch großer Wert auf die Persönlichkeit gelegt. Auf diese Weise versuchen Start-up-Gründer und Jungunternehmer, ein harmonisches Team aufzubauen, das gemeinsam die Unternehmensziele erreicht.
2. **Kurze und schnelle Bewerbungsprozesse**
   Wer sich bei einem Konzern bewirbt, muss in der Regel mehrere Wochen warten, bevor er überhaupt eine Antwort erhält und erfährt, ob er zu einem

Gespräch eingeladen wird oder nicht. Bei einem Start-up gelingt die Kommunikation meist wesentlich schneller, und auch nach einem Vorstellungsgespräch erfährt der Kandidat relativ zeitnah, ob er die Stelle bekommt. Der Prozess ist kurz, schnell und direkt.

3. **Breit gefächerte und nicht klar beschriebene Aufgaben**
Start-ups sind zwar in verschiedene Abteilungen gegliedert, doch ist diese Trennung weniger strikt als in anderen Unternehmen. Stattdessen ist in jungen Unternehmen eine Macher-Mentalität gefragt, die über die Abteilungsgrenzen hinausweist. Muss also eine Aufgabe dringend erledigt werden, wird diese auch von Mitarbeitern übernommen, deren Arbeitsgebiet eigentlich ein anderes ist. Die Einstellung „Das ist nicht mein Problem!" führt bei Start-ups garantiert ins Aus.

4. **Selbstständiges Arbeiten ist Pflicht**
Bei vielen Start-ups kann es den Mitarbeitern passieren, dass sie mehr oder weniger den Sprung ins kalte Wasser wagen müssen. Denn es gibt meist keinen Onboarding-Prozess und niemand nimmt Neulinge an die Hand, um sie behutsam in die Prozesse einzuführen. Wer feste Strukturen bevorzugt, wird in einem Start-up wahrscheinlich nicht den Arbeitgeber finden, den er sich wünscht.

5. **Harte Arbeit**
Auch in etablierten Unternehmen kann hartes Arbeiten angesagt sein. Doch vermitteln Start-ups oft ein Bild von vielen Freunden, die gemeinsam arbeiten und den Feierabend gemütlich mit einem Bier beginnen. In der Realität bedeutet Arbeit in einem jungen Unternehmen jedoch auch Stress, Überstunden und auch mal eine Nachtschicht, wenn ein dringendes Projekt abgeschlossen werden muss.

> **Fazit: Die Vorteile von Start-ups**
> Selbstständige Arbeitsgestaltung, Aufstiegsmöglichkeiten, flache Hierarchien, kreative Arbeitsatmosphäre, kaum feste Regeln und Abläufe, viele Erfahrungsmöglichkeiten

> **Fazit: Die Nachteile von Start-ups**
> Hohes Risiko (in den ersten drei Jahren scheitern 50 % der Neugründungen), Überstunden, lange Arbeitstage, oft geringere Bezahlung

Von Mitarbeitern oft geäußert: Was macht die Arbeit bei Start-ups so attraktiv?

- „Dort kann ich noch etwas verändern und mitgestalten."
- „In einem Start-up kann man wirklich Verantwortung übernehmen und ist nicht nur ein Rädchen im großen Getriebe."

- „Ich kann dort an Aufgaben arbeiten, die für mich sinnvoll sind."
- „Es klingt nach einem Abenteuer, zu großen Unternehmen kann ich später immer noch wechseln."
- „Bei Start-ups ist alles nicht so formal und steif."

Wie Start-ups punkten: Von Sonderleistungen und Schwarmintelligenz
Als besonders attraktive Angebote von Start-ups gelten Mitarbeiter-Beteiligungsmodelle. Beschäftigte können hier zum Vorzugspreis Aktienanteile am Unternehmen kaufen und sind damit am Firmenerfolg auch finanziell beteiligt. So kann ein Mitarbeiter eine Aktie zum Beispiel zum Wert von 1 EUR erwerben, für die er aber nur 0,80 EUR bezahlt, weil der Arbeitgeber einen Zuschuss von 0,20 EUR leistet. Da am Ende des Jahres immer eine Gewinnausschüttung erfolgt, profitiert jeder Mitarbeiter davon finanziell. Darüber hinaus haben die Beschäftigten die Möglichkeit, ihre Boni und Überstunden in Aktien umzuwandeln. Diese Art der direkten Gewinnbeteiligung motiviert die Mitarbeiter und übrigens auch die Kandidaten enorm. In diesen Start-ups gibt es am Ende nicht einen Millionär, sondern alle Mitarbeiter partizipieren am Erfolg.

Weitere Sonderleistungen, wie Arbeitszeitkonten, Sabbaticals und Firmenfahrzeuge inklusive Privatnutzung, sind für diese Art von Unternehmen selbstverständlich. Besonders zu erwähnen ist, dass sie ganz bewusst einen sehr hohen fixen Gehaltsanteil zahlen, da sie der Meinung sind, dass man seine Mitarbeiter nicht mit hohen Bonus-Versprechen ködern darf, die dann nicht erreicht werden oder überhaupt nicht erreichbar sind. Sie sind davon überzeugt, dass echte Motivation auf einer ehrlichen Basis zwischen Arbeitnehmer und Arbeitgeber stattfindet: Das fängt schon beim Gehalt an, mit dem sie gerne in Vorleistung treten.

Das Prinzip Schwarmintelligenz
Ob Einstellung neuer Mitarbeiter oder Gründung neuer Geschäftsbereiche: Bei manchen Arbeitgebern wird stets die „Schwarmintelligenz" zu geschäftlichen Entscheidungen herangezogen. Dazu wird zu jedem speziellen Thema und Projekt ein kleines Gremium gebildet, das im Kollektiv entscheidet. In solchen Teams hat jeder einzelne Mitarbeiter die Möglichkeit zur Einflussnahme. Dazu der Geschäftsführer eines Münchner SAP-Systemhauses: „So können wir mehr Lösungsalternativen berücksichtigen und vor allem unsere Beschäftigten mitbestimmen lassen, als wesentlicher Teil unserer Unternehmenskultur." Diese Kultur des Miteinanders zeigt sich auch darin, dass dieser Geschäftsführer nur von „Kolleginnen" und „Kollegen" spricht, nicht von Mitarbeitern. Eine solche Kultur, die

durch die Arbeitsweise der Mitarbeiter bestimmt wird, findet sich meist nur in kleinen Unternehmen, in denen alle auf ein bestimmtes Ziel hinarbeiten und alle Mitarbeiter in ihren Prozessen voneinander abhängig sind.

Literatur

Glassdoor (2013) The rise of mobile job search. https://www.glassdoor.com/blog/infographic-rise-mobile-job-search/. Zugegriffen: 20. Mai 2016

Employer Branding für IT-Unternehmen 6

Zusammenfassung
Obwohl viele IT-Arbeitgeber mit „guten Karrierechancen", „spannenden Kundenprojekten" und „kollegialem Arbeitsklima" locken, helfen solche Schlagworte bei Weitem nicht so viel, wie gemeinhin vermutet wird. Wovon sich Bewerberinnen und Bewerber mehr angezogen fühlen, ist Thema dieses Kapitels. Dazu gehört eine attraktive Arbeitgebermarke. Stimmt das Image eines Unternehmens, können auch die eigenen Mitarbeiter als Botschafter und Headhunter herangezogen werden, wie an verschiedenen Praxisbeispielen gezeigt wird. Einen weiteren wichtigen Recruiting-Trend bietet das Content Marketing, verstanden als Kunst, am richtigen Ort und im richtigen Moment genau die Informationen zu bieten, die für potenzielle Kandidaten relevant sind.

6.1 Employer Branding als wichtigster Trend

In Zeiten von Fachkräftemangel, demografischem Wandel und offensichtlichen Image-Problemen im Recruiting sehen die Personaler in Deutschland das Employer Branding als wichtigsten aktuellen Recruiting-Trend. Der „index Recruiting Report 2016", für den index HR-Marketing europaweit rund 1700 Personalverantwortliche befragte, kommt zu dem Ergebnis, dass für 61 % der Teilnehmer in Deutschland das Thema Arbeitgebermarke zu den Top-Trends in der Mitarbeitergewinnung gehört. Danach folgen Social Recruiting (42 %) und Schüler/Azubi-Marketing (34 %). Active Sourcing ist für 30 % der deutschen Personalverantwortlichen einer der wichtigsten Trends. Was die konkreten Recruiting-Pläne betrifft, gaben 52 % an, verstärkt im Employer Branding aktiv werden zu wollen, 37 % setzen auf Active Sourcing und 36 % möchten die Pressearbeit für Karrieremedien vertiefen. Dabei waren Mehrfachnennungen möglich (index HR-Marketing 2016).

Die Ergebnisse der Befragung lassen darauf schließen, dass die Firmen erkannt haben, wie wichtig ihr Image für die Besetzung offener Stellen und das weitere Wachstum ist. Tut ein Unternehmen in diesem Bereich zu wenig, winken viele meiner Bewerber schon ab, wenn ich nur den Namen des potenziellen neuen Arbeitgebers nenne: „Von dieser Firma hört man nichts Gutes, dort will ich auf keinen Fall anfangen!", lautet die Antwort oft, wenn eine Firma kein optimales Image hat.

Jedoch stellt sich vielen Firmenlenkern und HR-Verantwortlichen die Frage, wie sie ihr Image verbessern können. Die Antworten darauf sind vielfältig und allgemeingültige Aussagen meines Erachtens nicht seriös, da das Problem nicht durch bloße Image-Kampagnen oder Recruiting-Marketing-Broschüren gelöst werden kann. In Zeiten von Xing, kununu, Facebook & Co. haben die Kandidaten heute weitaus mehr Informationsmöglichkeiten, als eine Informationsbroschüre bieten kann.

Wer es wirklich ernst meint mit der Imagebildung – und dies tun meiner Ansicht nach heute leider noch die wenigsten –, sollte beim Herzstück seiner Firma beginnen: den Mitarbeitern. Unternehmen, die ihre Mitarbeiter optimal und nach ihren individuellen Wünschen und Bedürfnissen unterstützen, wissen genau, dass eine nachhaltige Imagebildung nur Unternehmen gelingt, die einen langen Atem haben. Ein kurzer Sprint wirkt eher kontraproduktiv. Trotzdem bleibt es häufig bei der Umsetzung punktueller Maßnahmen – eine fundierte Employer-Branding-Konzeption, die ein Unternehmen ganzheitlich als Arbeitgeber positioniert, ist in der Praxis immer noch die Ausnahme.

Um diesem Manko zu begegnen, unterstütze ich Sie in den folgenden Kapiteln mit Praxisbeispielen und Handlungsempfehlungen zum Aufbau einer wirksamen Arbeitgebermarke.

6.1.1 Unternehmen schummeln bei der Selbstdarstellung

Obwohl Firmen um die Gunst der Bewerber buhlen, wirken viele Karriereseiten im Web austauschbar und langweilig. Flache Hierarchien und gute Karriereperspektiven sind nur einige der vielen Gemeinplätze, mit denen Unternehmen für sich als Arbeitgeber werben. Auf den Fotos simulieren Models den Alltag in gestylten Büros, in denen Glas, Chrom und lichtdurchflutete Räume dominieren. Beim Vorstellungsgespräch wundert sich dann so mancher Bewerber, wenn er seine künftigen Kollegen über Flure mit grauer Auslegware schlurfen sieht.

Auch die üblichen Büros mit Schreibtischen dicht an dicht haben wenig mit den Darstellungen in den Hochglanzmagazinen zu tun.

Unternehmen erwarten von Bewerbern Authentizität, schummeln aber selbst bei der Selbstdarstellung. Sie wollen sich vom Wettbewerb zwar abheben, um im Wettlauf um talentierte Kandidaten nicht auf der Strecke zu bleiben. Doch anscheinend beauftragen fast alle 30 Dax-Konzerne dieselbe Agentur, die ihnen ähnliche Fotos und austauschbare Inhalte liefert. Alle nutzen die gleichen werblichen Argumente, kaum jemand spricht über die späteren Aufgaben und Tätigkeiten. Es gibt wenig Differenzierung untereinander.

6.1.2 Arbeitgeber müssen wahre Geschichten erzählen

Es ist allen Bewerbern klar, dass nicht alles Gold ist, was glänzt. Niemand glaubt heute, auf einen perfekten Arbeitgeber zu stoßen. Daher ist es für Unternehmen umso wichtiger, wahre Geschichten aus dem künftigen Arbeitsleben zu erzählen. So sollten die Kolleginnen und Kollegen darstellen, was in ihrem Unternehmen besonders gut ist, aber auch, was eventuell noch besser werden kann – das stärkt die Glaubwürdigkeit und bewahrt vor bösen Überraschungen. Stellen Sie sich vor, wie belogen sich ein Bewerber fühlen muss, der sich aktiv für ein Unternehmen entscheidet und nach Arbeitsantritt feststellen muss, dass die Realität völlig anders aussieht! Es ist damit zu rechnen, dass der neue Kollege schon nach kurzer Zeit das Unternehmen wieder verlässt.

Ein Praxisbeispiel
Harald M., HR-Verantwortlicher eines IT-Systemhauses in Norddeutschland, setzt in seinem Unternehmen auf die individuelle Kommunikation mit den Bewerbern, um das Employer Branding authentischer zu gestalten. Ein weiterer Erfolgsfaktor sind auf unterschiedliche Bewerbergruppen zugeschnittene Inhalte: „Software-Entwickler bewegen sich in einer speziellen Community. Wir sprechen mit den Mitarbeitern, fragen sie, was ihre Arbeit auszeichnet. In Videos berichten unsere IT-Spezialisten über Arbeitsinhalte und ihre berufliche Entwicklung."

6.1.3 Authentisch und professionell ist kein Widerspruch

„In Deutschland bevorzugen Bewerber einen seriösen Web-Auftritt von Arbeitgebern mit dezenten Hintergrundfarben, in den USA sind Interessenten eine direktere

Ansprache gewohnt und in China muss es auf der Website blinken", erläutert Martina F.-Z., Leiterin des Personalmarketings eines Big-Data-Spezialisten in Essen. Das Beispiel zeigt: Wichtig ist, dass ein Arbeitgeber authentisch bleibt, sonst zieht er eventuell Mitarbeiter an, die nicht zum Unternehmen passen.

Fazit: Es muss nicht glänzen, sondern wahr sein
Das Arbeitgebermarketing steckt in Deutschland noch in den Kinderschuhen. Viele Unternehmen versuchen sich an unterschiedlichen Konzepten. Doch reichen meist schon Mut und eine ehrliche Reflexion der unternehmerischen Möglichkeiten, um einen gelungenen Start im Rennen um die besten IT-Fachkräfte hinzulegen.

Mit einer detaillierten Analyse der eigenen Zielgruppen und der Erkenntnis in der Personalabteilung, dass Schein und Glanz nie so wichtig wie zufriedene Mitarbeiter sein dürfen, ist allen Beteiligten deutlich mehr geholfen. Erst wenn auch die kleinsten Firmen merken, dass die eigene Arbeitgebermarke keine Ware ist, die man an den Meistbietenden verkaufen möchte, sondern ein menschliches Kollektiv, das über mehrere Jahrzehnte funktionieren soll, werden auch Bewerber wieder Vertrauen in diese Unternehmen fassen. Bunt und Hochglanz kann man danach immer noch machen.

> **Handlungsempfehlung** Personalabteilungen und Unternehmensleiter müssen sich auf den Spagat zwischen direktem Recruiting-Erfolg und einer vorausschauenden Strategie-Entwicklung einstellen. Dies ist enorm wichtig, um kurzfristig Stellen zu besetzen und langfristig attraktiver zu werden. Doch dies ist nur möglich, wenn sowohl innovativ als auch pragmatisch, vor allem aber strategisch gedacht wird.
>
> Und: Unternehmen müssen sich auf Enttäuschungen einstellen, da nur die Summe aus verschiedenen Versuchen an das Ziel führt, ihre Arbeitgeber-Attraktivität zu erhöhen. Dabei sollten das kontinuierliche Prüfen, Analysieren und Optimieren der eingesetzten Maßnahmen auf der Agenda stehen. Es gibt nicht einen einzigen heilsbringenden Königsweg: Eine erfolgreiche Recruiting-Strategie ist so individuell wie Ihr Fingerabdruck.

6.2 Wie erweitern Sie Ihre Arbeitgeber-Attraktivität?

„War for Talents", „demografischer Wandel" und „Fachkräftemangel" sind die Schlagworte, die viele IT-Unternehmen zu der Frage führen: Wie werde ich ein attraktiver Arbeitgeber? Die Bandbreite an möglichen Maßnahmen und Ansätzen ist groß und unterscheidet sich je nachdem, welche Zielgruppe man erreichen möchte und in welcher Branche man tätig ist. Ein spannendes, aber weites Feld.

Ideal wäre es für viele IT-Unternehmen, als so attraktiver Arbeitgeber zu gelten, dass die besten Kandidaten ganz allein den Weg zu ihnen finden – ohne Unterstützung durch Headhunter. An dieser Stelle wird oft das leuchtende Beispiel von Branchenriesen wie Google oder Facebook genannt. Doch weit gefehlt: Den meisten Unternehmen – ob groß, mittelständisch oder klein – fehlt es an ähnlicher Strahlkraft. Welche Möglichkeiten haben sie, um Top-Talente anzuziehen und an sich zu binden? Zur Beantwortung dieser Frage hilft ein Blick auf eine Studie, die im Auftrag des Personaldienstleisters Orizon vom Marktforschungsunternehmen Lünendonk durchgeführt wurde (2013). Sie zeigt: Unternehmensimage und soziales Engagement des Arbeitgebers gewinnen an Bedeutung (Abb. 6.1).

Auf die Frage „Was macht einen Arbeitgeber für Sie besonders attraktiv?" antworteten 97,2 % der Befragten mit „leistungsgerechte Bezahlung". Auf Platz zwei und drei folgen die Kriterien „Sicherheit des Arbeitsplatzes" und eine abwechslungsreiche Tätigkeit. Aus den Daten geht auch hervor, dass soziale Faktoren immer wichtiger werden. So gaben mehr als 80 % der Teilnehmer an, dass das Image des Unternehmens bei ihrer Arbeitssuche eine Rolle spielt. Fast 71 % finden, dass soziales Engagement die Attraktivität des Arbeitgebers steigert.

6.2.1 Image des Unternehmens

Ein gutes Image ist für ein erfolgreiches IT-Unternehmen von hohem Wert. Dabei handelt es sich um ein Kapital, das sich kaum beziffern lässt. Doch die Vorteile liegen klar auf der Hand: Investoren lassen sich einfacher finden, wenn sie einem Unternehmen vertrauen können. Die Aktionäre werden ein Management weit weniger behelligen, als wenn ein Skandal den nächsten jagt. Herausragende Mitarbeiter wollen in erstklassigen Firmen arbeiten: Unternehmen mit gutem Ruf können sich die besten Fachkräfte auf dem Arbeitsmarkt aussuchen. Und das Wichtigste überhaupt: Kunden wählen lieber Unternehmen mit tadellosem Image als solche, die ständig mit Negativschlagzeilen von sich reden machen.

Doch ist der Weg zum erstklassigen Ruf lang und steinig. Er ist das Resultat ständiger Anstrengungen, die als Konzept in sich stimmig und konsistent sein müssen. Wichtig ist, dass man die angestrebten Werte als Unternehmen selbst lebt – und diese in schwierigeren Phasen nicht gleich über den Haufen wirft.

Anforderungen an Job und Arbeitgeber

Was macht einen Arbeitgeber für Sie besonders attraktiv –
Wie wichtig sind die folgenden Leistungen?
(Matrix: sehr wichtig / wichtig / weniger wichtig / unwichtig)

Leistung	Prozent
Leistungsgerechte Bezahlung	97,2%
Sicherheit des Arbeitsplatzes	96,4%
Abwechslungsreiche Tätigkeit	91,3%
Weiterbildungsangebote	84,4%
Flexible Arbeitszeiten	81,8%
Betriebliche Altersvorsorge	80,5%
Image des Unternehmens	80,4%
Urlaubsgeld	78,4%
Attraktiver Standort	77,4%
Soziales Engagement	70,8%
Gesundheitsvorsorge	70,5%
Weihnachtsgratifikation	69,5%
Vermögenswirksame…	68,2%
Betriebsrat	68,1%
Prämiensystem für…	62,5%
Fahrtkostenzuschuss /…	62,1%
Internationalität	43,1%
Betriebskindergarten	36,2%
Kantine	34,8%
Betriebssport	32,2%
Viele Mitarbeiter…	29,6%

Abb. 6.1 Soziale Faktoren werden immer wichtiger, wenn es um die Anforderungen an Arbeitsplatz und Arbeitgeber geht. (Quelle: Orizon)

6.2.2 Mitarbeiter-Motivation durch soziales Engagement

SAP beispielsweise hat klar erkannt: Unternehmen mit einer sinn- und wertorientierten Vision sind 15-mal erfolgreicher als ihre Wettbewerber. Daher hat der Weltmarktführer für Unternehmenssoftware das soziale Engagement fest in seiner Unternehmensvision verankert. So wurde vor Kurzem das „One4 Project" ins Leben gerufen, das nicht nur die Diskussion über die aktuelle Flüchtlingskrise in Europa voranbringen, sondern auch Spenden für das Flüchtlingshilfswerk der Vereinten Nationen sammeln soll (SAP 2015).

Ähnliche Wege sollten auch andere IT-Anbieter gehen, unabhängig von ihrer Größe. Dazu bietet es sich an, die eigenen Mitarbeiter nach ihren individuellen Vorstellungen zu befragen, welche sozialen Projekte das Unternehmen künftig unterstützen soll und welche Kolleginnen und Kollegen dabei welche Aufgaben übernehmen sollen. Sorgen Sie dafür, dass die Finanzierung steht und die Mitarbeiter auch vor Ort die persönliche Unterstützung erhalten, die für die Erfüllung ihrer sozialen Aufgaben erforderlich ist.

6.2.3 Schrittweise zum attraktiven Arbeitgeber

Um Ihre Arbeitgeber-Attraktivität zu steigern, sollten Sie folgende Schritte tun:

1. **Identifizieren Sie Ihre genaue Zielgruppe!**
   Denn nur so lässt sich herausfinden, wen Sie als Arbeitgeber überhaupt anziehen möchten: Sind dies alle Arbeitnehmer auf der ganzen Welt? Oder eher die IT-Branchenspezialisten, Fachspezialisten, Führungskräfte? Bevorzugen Sie die Absolventen der Elite-Unis oder genügen auch Durchschnittsstudierende irgendwelcher Fachhochschulen?
2. **Halten Sie, was Sie versprechen!**
   Verfahren Sie bisher nach dem Motto, lieber später um Entschuldigung zu bitten, als vorher die Wahrheit zu sagen? Pech für Sie, denn das spricht sich herum, und schnell haben Sie ein schlechtes Image. Besser ist es, Ihrer Zielgruppe von Anfang an nichts zu versprechen, was Sie nicht halten können.
3. **Finden Sie heraus, wer Sie sind!**
   Aus der Beliebigkeitsfalle kommen Sie nur mit „klarer Kante" und Mut heraus. Das heißt konkret: Sie benötigen Alleinstellungsmerkmale. Diese allerdings sollten nicht nur auf Management-Ebene diskutiert und definiert werden. Denn die Frage ist nicht allein, was Sie oder Ihre Führungskräfte „glauben", was Ihr Unternehmen auszeichnet. Schlimmstenfalls haben Sie dadurch später

ein Authentizitätsproblem. Besser ist es, Ihre Mitarbeiter direkt zu fragen, wie Sie als Unternehmen und Arbeitgeber wahrgenommen werden. Finden Sie heraus, warum Ihre Mitarbeiter bei Ihnen arbeiten und vorhaben, dies auch weiterhin zu tun! Denn diese erleben es ja Tag für Tag, ob Ihr Management gut oder schlecht agiert.

Hilfreich ist es, folgende Kernfragen zu klären: Verfügt Ihr Unternehmen über geeignete Führungsexperten oder besteht hier noch Nachholbedarf? Sind die vielfach geforderten Gleit- und Teilzeitmöglichkeiten mehrheitlich praktisch umsetzbar oder dem Führungskader vorbehalten? Können Sie Ihren IT-Experten abwechslungsreiche Tätigkeiten anbieten oder überfrachten Sie sie mit Alltagsroutine?

Fakt ist: Ihre Mitarbeiter sind Ihre Markenbotschafter nach außen. Wenn diese nichts von Ihnen halten, haben Sie weit mehr als ein Motivations-, nämlich ein handfestes Imageproblem. Daher sollten Sie großen Wert darauf legen, dass Ihre Mitarbeiter nur das Beste von Ihnen halten. Dies ist auch für einen Kandidaten leicht überprüfbar. Denn er spürt es daran, wie er selbst während der Bewerbungsprozesse behandelt wird und wie beim Vorstellungstermin die Stimmung auf den Fluren ist ...

6.2.4 Sie brauchen ein klares Profil

Ein klares Profil ist unverzichtbar, auch wenn dabei vermeintlich abschreckende Botschaften vermittelt werden. Ein Beispiel: Wenn Top-Talente in Ihrem Unternehmen drei Jahre lang eine extrem steile Lernkurve erfahren, dafür aber ihr persönliches Leben aufgeben müssen – dann teilen Sie ihnen dies schon beim Vorstellungsgespräch mit! Auch wenn manche Arbeitnehmer solche Arbeitsbedingungen für sich strikt ablehnen, gibt es auch immer wieder Top-Talente, die genau dies wollen. Also: Zeigen Sie „klare Kante" bei der Personalbeschaffung!

10 Tipps für ein besseres Employer Branding
- Von Werten erzählen. Wer will, dass Werte und Ziele des Unternehmens gelebt werden, muss darüber am ersten Tag berichten. Gut kommt es an, wenn das langjährige Mitarbeiter übernehmen.
- Dabei auf Authentizität achten: Themen und Geschichten müssen glaubhaft sein, denn allzu dreiste Lügen werden schnell über Social-Media-Kanäle oder Bewertungsportale entlarvt.

6.2 Wie erweitern Sie Ihre Arbeitgeber-Attraktivität?

- Journalistisch geprägte Vorgehensweisen bei der Erstellung von Beiträgen und Videos mit Mitarbeitern stellen sicher, dass die Kommunikation nach innen und außen glaubwürdig bleibt.
- Dies bedeutet auch: Auf Agenturbilder verzichten und stattdessen die eigenen Mitarbeiter für eine Kampagne gewinnen und sie in ihrer tatsächlichen Arbeitsumgebung zeigen, anstatt in einem Studio nachgestellte Szenen ablichten.
- Mitarbeiterbindung beginnt mit dem Bewerbungsprozess.
- Eine eigens für die neuen Mitarbeiter konzipierte Homepage ist optimal, um die neuen Talente vor Arbeitsbeginn mit Informationen zu versorgen.
- Es hilft beim Recruiting, wenn der Chef in einem Video auf der Website neue Mitarbeiter und Bewerber anspricht.
- Eine Personal-Website für Mitarbeiter macht heute mehr Sinn als jedes Handbuch.
- Software hilft: Vor allem während der ersten Wochen im Job erzählen neue Fachkräfte ihrem Umfeld viel von ihrem Arbeitgeber. Das ist die beste Zeit, um über das Netzwerk der eigenen Mitarbeiter einen guten Eindruck in der Öffentlichkeit zu hinterlassen. Mit einem webbasierten Lern-Management-System (LMS) kann eine Firma hier mit Struktur und Professionalität punkten.
- Mitarbeiter nicht alleine lassen, sondern den Austausch zwischen den Abteilungen fördern.

> **Michael Weise, Geschäftsführer der Movilitas Consulting GmbH**
> „Wie von unseren Mitarbeitern bescheinigt, macht uns unser ‚Coolness-Faktor' als Arbeitgeber unverwechselbar. Dies heißt konkret: Unsere IT-Experten genießen eine große Entscheidungsfreiheit und können zwischen einem breiten Tätigkeitsspektrum wählen. Jeder Mitarbeiter hat dabei die Möglichkeit, seine Aufgaben eigenständig zu lösen und sich mit dem erworbenen Wissen weiterzuentwickeln. Damit gelten wir als Geheimtipp bei den Kandidaten!"

> **Mike Rübsamen, Geschäftsführer und Gründer der 2bits GmbH**
> „Damit wir als attraktiver IT-Arbeitgeber wahrgenommen werden, forcieren wir folgende Punkte:
>
> - Hoher Grad der Einflussnahme durch Mitarbeiter auf unsere Produkt- und Unternehmensstrategie

- Mitsprache und Entscheidungsbeteiligung des Teams bei künftiger Produktentwicklung
- Berücksichtigung der Bedürfnisse aller Mitarbeiter"

▶ **Handlungsempfehlung** Um für Top-Kandidaten attraktiv zu sein, brauchen Sie ein klares Arbeitgeber-Profil. Sie können nicht auf allen Hochzeiten tanzen und alle IT-Hypethemen wie Cloud, Big Data und Internet of Things (IoT) auf einmal bedienen, wenn sie nur 40 Mitarbeiter haben. Ebenso wenig dürfte es Ihnen bei dieser Größe möglich sein, jedem Kandidaten alle nur denkbaren Karrieremodelle anzubieten. Im Software-Vertrieb gibt es die klare Regel: „Wenn jeder Dein Kunde sein könnte, dann ist niemand Dein Kunde." Übersetzt ins Recruiting bedeutet dies: „Wenn jeder Dein Kandidat sein könnte, dann ist niemand Dein Kandidat." Daher mein Plädoyer: Spezialisieren Sie sich, kommunizieren Sie auch im Recruiting ein klares Profil – so wie das im Software-Vertrieb schon vor 15 Jahren gemacht wurde.

6.3 Ihre Mitarbeiter sind die besten Botschafter und Headhunter

„Die Idee, die Mitarbeiter als Botschafter fürs eigene Unternehmen zu nutzen, ist eine hervorragende Idee und so alt wie der Fachkräftemangel", wird Tim Weitzel, Inhaber des Lehrstuhls für Wirtschaftsinformatik an der Otto-Friedrich-Universität Bamberg, in der „Wirtschaftswoche" zitiert (2016). Eine Studie des Instituts für Arbeitsmarkt- und Sozialforschung in Nürnberg gibt ihm recht. Danach wird fast jede dritte Stelle über persönliche Kontakte besetzt. Bei den 1000 größten Unternehmen in Deutschland ist es laut Weitzel knapp jede zehnte Stelle. Damit sei dies der zweitstärkste Kanal bei der Mitarbeitersuche – noch vor Social Media und der Arbeitsagentur.

6.3.1 Das Ambassador-Prinzip

Die Studie zeigt: Die Rolle der Mitarbeiter als zentrale Botschafter eines Unternehmens darf nicht unterschätzt werden. Denn Personen „wie Du und ich" – und das sind die Mitarbeiter – gelten als vertrauenswürdige Informationsquelle.

So kolportieren sie im Idealfall ganz von selbst ein gutes Arbeitgeberimage und fungieren auch indirekt als Markenbotschafter. Weitere Studien belegen, dass Verbraucher eher die Produkte eines Unternehmens kaufen, das als fairer Arbeitgeber bekannt ist.

HR- und Kommunikations-Experten der Betriebe müssen also Hand in Hand arbeiten. Eine Grundvoraussetzung für gute Botschafter ist die Zufriedenheit der Mitarbeiter. Dazu muss ein nachhaltiges Personalmanagement in den HR-Abteilungen einen entscheidenden Beitrag leisten. Ist diese Voraussetzung geschaffen, gilt es, die Mitarbeiter als Ambassadoren zu schulen und ihnen gewisse Werkzeuge an die Hand zu geben. Zwar gibt es schon lange „Brand Ambassadors", die eine Marke in der Öffentlichkeit repräsentieren. Aber während diese buchstäblich eingekauft werden, müssen „Corporate Ambassadors" fester mit dem Unternehmen verbunden sein. Und das sind natürlich die eigenen Mitarbeiter. Wobei die HR/PR das Prinzip der Authentizität um gewisse Hilfestellungen ergänzen muss.

Welches Kriterium entscheidet bei einem Kunden über den Kauf eines neuen großen Elektrogeräts für die tägliche Nutzung? Sind es die blumigen Beschreibungen des Herstellers? Die tollen Hochglanzfotos? Oder sind es vielmehr die Beschreibungen der zufriedenen oder unzufriedenen Nutzer, die die Kaufentscheidung beeinflussen? So ähnlich verhält es sich auch bei potenziellen neuen Mitarbeitern für ein Unternehmen.

Ein Praxisbeispiel

Ich spreche mit Ralf B., einem IT-Sicherheitsexperten in einem mittelständischen Fertigungsunternehmen, der auf der Suche nach einer neuen Herausforderung ist. Mit den erhaltenen Informationen ist es mir möglich, drei potenzielle neue Arbeitgeber zu identifizieren und zu qualifizieren, zu denen Ralf von seinem Anspruch und Werdegang her optimal passen könnte. Als ich Ralf die drei ausgewählten Unternehmen vorstelle, überraschen mich seine Rückmeldungen sehr. Sein Feedback zu Unternehmen 1) „Hören Sie mir mit diesem Laden auf, dort habe ich mich früher bereits vorgestellt und vergeblich auf eine Reaktion auf mein erstes Vorstellungsgespräch gewartet. Bis heute erhielt ich keine Absage!" Feedback zu Unternehmen 2) „Lieber nicht, die zahlen dort weder Fahrzeiten noch Überstunden, wie mir ein Ex-Kollege erzählt hat. Das ist mir zu wenig wertschätzend meiner Person und meinen Leistungen gegenüber." Feedback zu Unternehmen 3) „Auch hier würde ich gerne verzichten. Vor einiger Zeit habe ich mich dort schon einmal vorgestellt und mit den HR- und Fachverantwortlichen drei Gespräche geführt, die so positiv verliefen, dass ich bis zum Geschäftsführer kam. Dann allerdings kam der Hammer, als dieser mir eröffnete, dass ich für sein Unternehmen eigentlich zu teuer sei. Daher fragte er mich, ob ich auch für 20 Prozent weniger Gehalt beginnen würde. Eine ausgesprochene Frechheit!"

Dies ist ein Beispiel aus der Praxis, das belegt, wie schnell Arbeitnehmer zu negativen Botschaftern werden können. Für Arbeitgeber ergibt sich daraus die Verpflichtung, ihre Kandidaten wertschätzend zu behandeln. Ansonsten droht die Gefahr, dass die Bewerber die negativen Erfahrungen nicht nur über ihr persönliches Netzwerk, sondern auch über soziale Medien und Bewertungsportale rasch weitertragen.

> **Mike Rübsamen, Geschäftsführer und Gründer der 2bits GmbH**
> „Ja, drei unserer jüngsten Einstellungen beruhen darauf, dass unsere Mitarbeiter neue Mitarbeiter geworben haben. Das klappt natürlich nur, wenn die Beschäftigten mit uns zufrieden sind – ansonsten würden sie gar nicht riskieren, uns als Arbeitgeber zu empfehlen. Wir zahlen den Mitarbeitern bei erfolgreicher Empfehlung auch eine Prämie, die jedoch nicht als Anreiz betrachtet werden sollte, da wir nicht möchten, dass unsere Beschäftigten zu regelrechten Headhuntern mutieren. Diese Prämie ist eher als ein Zeichen unserer Dankbarkeit und Wertschätzung zu verstehen."

> **Sarah Böning, Head of Recruiting, Director der MHP GmbH**
> „Was unsere Management-, Prozess- und IT-Beratung neben der fachlichen Kompetenz im Besonderen auszeichnet, ist das Commitment unserer Mitarbeiterinnen und Mitarbeiter. Dieses spiegelt sich auch sehr stark im Recruiting wider und zeigt sich in den Erfolgen unseres Mitarbeiterempfehlungsprogramms ‚Make The Team'. 2016 konnten wir damit erreichen, dass 42 Prozent aller Einstellungen – von Absolventen bis hin zu Associated- Partnern – über unser eigenes Team erfolgten. Zudem gab es spezielle Fachbereiche, die sogar die 50-Prozent-Marke berührten, und wir wollen diesen Erfolg künftig ausbauen. Denn wir glauben schon viele Jahre lang an ein ‚netzwerkbasiertes Recruiting' über alle Levels, Regionen und Länder hinweg und beziehen in unser Programm neben unseren aktuellen Teamkolleginnen und -kollegen auch unsere Ehemaligen ein: unsere MHP-Alumni, die uns ebenso gut kennen und wissen, wer zu uns passen kann.
> Wichtig für den Erfolg dieses Programms ist auch, sehr langfristig und perspektivisch zu suchen und Kontakte aufzubauen – und nicht,

> wie oft, stark kurzfristig Vakanz-orientiert zu denken. Dazu braucht man ein ausgefeiltes Talent-Relationship-Management-Konzept, um mit spannenden Kandidaten auch über einen längeren Zeitraum in Kontakt zu bleiben. Ich glaube hier an die Erfolgsformel, vor allem individuellen Kontakt zu Bewerbern zu halten und ihnen nie das Gefühl zu geben, einer aus vielen in einem Pool zu sein. Und es macht besonders viel Freude, wenn diese dann tatsächlich bei MHP starten – auch wenn es manchmal Wochen, Monate oder gar Jahre dauern kann. Erst kürzlich hatte ich den Fall, dass es nach sechs Jahren zum gegenseitig perfekten Match kam – es macht natürlich Freude, so zu wachsen!"

6.3.2 Mitarbeiter werben Mitarbeiter

Vielen Firmen fällt es schwer, die richtigen Fachkräfte zu finden. Deshalb setzen die Unternehmen vermehrt auf die eigenen Angestellten als Firmen-Botschafter, wie die eingangs zitierte Studie des Nürnberger Instituts für Arbeitsmarkt- und Sozialforschung belegt. Die Vorteile: Eigene Mitarbeiter sind als Botschafter für ein Unternehmen glaubwürdiger als jeder Headhunter. Die Bewerbungsprozesse werden beschleunigt. Und Mitarbeiter empfehlen nur Menschen, von denen sie etwas halten. Professor Tim Weitzel spricht in der „Wirtschaftswoche" denn auch von einem „mächtigen Kanal" (dpa 2016).

Er kennt jedoch ebenso die Grenzen: „Ein nennenswerter Teil der Mitarbeiter spricht keine Empfehlungen aus." Vor allem Frauen und ältere Beschäftigte hätten die Sorge, eine Empfehlung könnte sich als Flop erweisen. Hinzu komme, dass viele Beruf und Privates strikt trennen wollten.

6.3.3 Software-gestützte Empfehlungen

Lionel von Dobeneck hat 2012 mit zwei Freunden in München die Firma Talentry gegründet. Das Start-up bietet Unternehmen die Software für entsprechende Empfehlungsprogramme im Haus. „In kleinen Unternehmen kann man das über den Flurfunk abdecken", wird von Dobeneck im oben genannten Beitrag in der „Wirtschaftswoche" zitiert (2016). Je größer eine Firma aber werde, desto geringer sei die Quote der Einstellungen durch Mitarbeiterempfehlungen. Dies hat für von Dobeneck den Ausschlag gegeben, neue Wege zu gehen.

6.3.4 Gute Mitarbeiter ziehen Bewerber an

Unternehmen, die auf eine gute Arbeitsplatzkultur Wert legen, achten darauf, Bewerber zu finden, die zu ihren Werten passen. Können sie diese gut einbinden, werden die Mitarbeiter zu wichtigen Botschaftern im Recruiting, wie auch die Studie „Great Place to Work in der ITK 2016" zeigt. Dies erörtert Alexandra Mesmer in einem Beitrag in der „Computerwoche" (2016). So formuliert Studien-Projektleiter Sebastian Diefenbach als Befragungsergebnisse, was ein sehr guter Arbeitgeber anders als andere Unternehmen macht: „Ausgezeichnete Arbeitgeber der Branche unterstützen ihre Mitarbeiter unter anderem durch bedarfsgerechte Weiterbildungsangebote, flexible Arbeitszeiten, Maßnahmen zur Gesundheitsförderung und durch eine vertrauensvolle Zusammenarbeit mit den Führungskräften." Zu den zentralen Maßnahmen zur Förderung einer guten Arbeitsplatzkultur zählen die ausgezeichneten Unternehmen vor allem drei Dinge: Mitarbeiter regelmäßig informieren, die richtigen Mitarbeiter einstellen und sie integrieren sowie gemeinsam feiern. Wichtige Stellschrauben sind auch die Anerkennung der Leistung der Mitarbeiter und das Angebot von Entwicklungsperspektiven.

Wie das Beispiel des bei „Great Place to Work in der ITK 2016" ausgezeichneten Speicherherstellers NetApp zeigt, ziehen gute Mitarbeiter gute Bewerber an. „Mitarbeiterempfehlungen sind ein wesentlicher Teil unserer Recruiting-Strategie. Dass wir durchschnittlich 30 Prozent unserer neuen Mitarbeiter über eine Empfehlung unserer Kollegen gewinnen konnten, ist ein guter Indikator für die Zufriedenheit unserer Mitarbeiter", bringt es Frank Weida, Human Resources Lead Central EMEA bei NetApp, auf den Punkt.

> **Ein Praxisbeispiel**
> Ein Beispiel, wie zufriedene Mitarbeiter Headhunter überflüssig machen können, erlebte ich im vergangenen Jahr selbst. Damals vermittelte ich einen Bereichsleiter an ein mittelgroßes IT-Unternehmen, der eine neue Geschäftsstelle in Süddeutschland aufbauen sollte. Es handelte sich dabei um einen vertriebsorientierten IT-Spezialisten, der über langjährige Berufserfahrungen verfügte und in der Branche nicht unbekannt war.
> Beim Vorstellungsgespräch teilte der Kandidat mit, dass er aus seinem Netzwerk weitere neue Mitarbeiter mitbringen werde. Dass es sich dabei nicht, wie so oft, um „heiße Luft" handelte, stellte sich bald heraus. So konnte der neue Bereichsleiter rasch sein Netzwerk aktivieren und in knapp vier Monaten insgesamt 18 IT-Spezialisten zum Wechsel in die neue Firma bewegen: eine beachtliche Leistung, die höchste Anerkennung verdient!

Warum aber hat es in dem beschriebenen Fall so reibungslos mit dem versprochenen Team-Lift-out geklappt? Ein wichtiger Faktor war sicher, dass der neue Arbeitgeber klare Alleinstellungsmerkmale im Personalmanagement aufweisen kann. So fordert er von seinen Beratern nur eingeschränkte Reisebereitschaft und bietet gleichzeitig Möglichkeiten zum Homeoffice an. Ausschlaggebend jedoch war die Persönlichkeit des neuen Bereichsleiters, denn er gilt in der Fachwelt als vertrauenswürdiger und erfahrener Geschäftspartner. Hinzu kam, dass er die Gespräche mit jedem einzelnen Kandidaten persönlich führte und dabei restlos überzeugte. Aus Sicht eines Personalberaters muss ich sagen: Diese Art von Mitarbeitern macht uns – arbeitslos!

▶ **Handlungsempfehlung** Natürlich träumen alle Geschäftsführer und HR-Manager davon, wie im beschriebenen Fall komplette Teams übernehmen zu können – am besten noch mit den dazugehörigen Kunden. Und natürlich gibt es Unternehmen, in denen das auch funktioniert. Jedoch reicht es keineswegs aus, eine Prämie zwischen 2000 und 5000 EUR auszuloben, damit Ihre Mitarbeiter Bekannte und Kollegen aus ihrem Netzwerk ins Unternehmen bringen. Viel wichtiger ist es, dass Sie Ihre Beschäftigten nach den individuellen Bedürfnissen optimal behandeln und ihnen Rahmenbedingungen bieten, die sich flexibel an ihre wechselnden Lebensumstände anpassen und sie optimal in ihrem Berufs- und Privatleben unterstützen. Dies wird sich schnell herumsprechen und ihre Recruiting-Erfolge deutlich mehr steigern, als dies allein durch finanzielle Anreize möglich wäre.

6.4 Content Marketing im Recruiting

Wie in den vorangegangenen Kapiteln ausführlich beschrieben, lassen sich mit den herkömmlichen Methoden zur Personalgewinnung – wie Stellenanzeigen oder Jobportalen – nicht mehr die gewünschten Ergebnisse erzielen. Vakanzen bleiben unbesetzt und der Frust der HR- und Fachverantwortlichen wächst. Jedoch gibt es auch Unternehmen, die sich schon frühzeitig um neue Recruiting-Modelle gekümmert haben und diese schon seit Jahren ohne Unterstützung durch Headhunter erfolgreich umsetzen.

> **Simon Eisenried, Leiter Recruiting der MaibornWolff GmbH**
> „Im Geschäftsjahr 2015 konnten wir insgesamt 50 neue Mitarbeiter ausschließlich mit eigenen Mitteln gewinnen. Dieser starke Zuwachs ist gleichzusetzen mit 25 % der Belegschaft, da unser Unternehmen heute rund 200 festangestellte Mitarbeiter zählt."
> *Herr Eisenried, was waren Ihre Gründe, neue Methoden der Mitarbeitergewinnung zu wählen?*
> „Einerseits wollten wir das Recruiting-Fenster für Kandidaten in der Beratung öffnen, die nur eingeschränkt flexibel sind. Andererseits sollten für unsere langjährigen Mitarbeiter Möglichkeiten geschaffen werden, weiterhin in der Beratung zu arbeiten, auch wenn sich ihre Lebensumstände ändern."
> *Nach welchen Recruiting-Methoden arbeiten Sie?*
> „Wir setzen auf Content Recruiting. Darunter versteht man die Kunst, am richtigen Ort und im richtigen Moment genau die individuellen Informationen zu bieten, die für potenzielle Kandidaten relevant sind. Unser Ziel als Arbeitgeber ist es, die richtigen Kandidaten mit unseren Technologien und Methoden – also mit Content – für unser Unternehmen zu begeistern."

Ziel 1 des Content Marketings im Recruiting: Verhältnis zu potenziellen Interessenten aufbauen

Der englische Begriff „Content" hat eine doppelte Bedeutung: Als Substantiv steht er für „Inhalt", als Adjektiv für „zufrieden". Das sollte man stets im Hinterkopf behalten. Denn bei Content Marketing im Recruiting wird nicht vom Arbeitgeber ausgegangen und auch nicht vom Job, sondern vom potenziellen Kandidaten.

Content Marketing startet, als Technik im Inbound Marketing, mit dem Verteilen wertvoller und wichtiger Informationen zu dem Zeitpunkt, an dem in der Zielgruppe Interesse dafür besteht. Damit ist ein Arbeitgeber in der Lage, ein längerfristiges Verhältnis mit möglichen Kandidaten aufzubauen, das auf den Werten der Arbeitgebermarke und dem Interesse der Arbeitsmarktzielgruppe basiert. Da sich das Unternehmen in allen seinen Facetten präsentiert und aufrichtiges Interesse für den Kandidaten erkennen lässt, kann eine Verbindung entstehen, bei der beide Parteien dauerhaft aneinander interessiert sind. Dadurch kann im entscheidenden Moment im Bewerbungsprozess eine wohlüberlegte Entscheidung getroffen werden, die zu hochwertigen Einstellungen führt.

Ziel 2 des Content Marketings im Recruiting: Sichtbarkeit erhöhen

50 bis 70 % der Jobsuchenden und Karriereinteressierten nutzen heute Google für die Informationssuche. Ziel von Google ist es, für die Suchenden relevante Ergebnisse anzuzeigen. Der Algorithmus, den Google für das Suchmaschinenranking verwendet, basiert zunehmend mehr auf Intention und Kontext der Nutzer. Das heißt konkret: Google wird immer cleverer im Erkennen dessen, wer die Suchanfrage ausführt, welche Interessen diese Person hat und wonach sie tatsächlich auf der Suche ist.

Content Marketing im Recruiting liefert Relevanz für Themen des Personalmarketings. Um gut gefunden zu werden, sollten Arbeitgeber zum Beispiel News posten, Antworten geben auf Fragen, die die Zielgruppe interessieren, Problemlösungen anbieten sowie Wissen und Expertise teilen. Bei Stellenanzeigen bietet es sich an, zur Sichtbarkeitserhöhung Anbieter für Multi-Jobposting zu nutzen. Dabei werden Stellenanzeigen einmal erfasst und gleichzeitig auf verschiedenen Job-Portalen und weiteren Kanälen veröffentlicht.

Wertvoller Content erhöht zudem die Chance, dass die Zielgruppe auf den Content (Köder) reagiert und die Informationen der Arbeitgeber online teilt sowie in Blogs oder Wissensplattformen darauf verweist. Diesen sogenannten Social Shares und Links wird von Suchmaschinen viel Wert beigemessen. Dadurch rückt Content Marketing im Recruiting in den Suchergebnissen nach oben und verbessert die Auffindbarkeit eines Arbeitgebers erheblich.

> **Simon Eisenried, Leiter Recruiting der MaibornWolff GmbH**
> „Wir arbeiten mit insgesamt sechs Hochschulen zusammen. Da diese Partnerschaft für unser IT-Beratungshaus sehr wichtig ist, investieren wir dafür viel Zeit und Energie. Konkret vergibt MaibornWolff diverse Abschluss- oder Forschungsarbeiten an Studierende dieser Hochschulen. Da die Mitarbeiter dafür die Themen vorschlagen und auch die Betreuung übernehmen, wird eine starke Verbindung zwischen uns und den Studierenden geschaffen.
> Wir achten darauf, dass wir Themen identifizieren und erarbeiten, die wir auch ins Projektgeschäft überführen können. Nach Abschluss der Forschungsarbeiten informieren unsere Mitarbeiter und die Studierenden in Vorträgen über die Ergebnisse und veröffentlichen die Projektinhalte auf verschiedenen Kanälen. Damit schafft es MaibornWolff, für diese Zukunftsthemen (Content) zu stehen und eine Brücke zu künftigen Mitarbeitern zu schlagen.

> Ein Beispiel dafür ist das Thema ‚DevOps', das einen Prozessverbesserungs-Ansatz im Bereich der Software-Entwicklung und Systemadministration beschreibt. DevOps ist eine Zusammensetzung aus den Begriffen Development (englisch für Entwicklung) und IT Operations (englisch für IT-Betrieb). Der neue Ansatz soll durch gemeinsame Anreize, Prozesse und Werkzeuge eine effektivere und effizientere Zusammenarbeit der Bereiche Entwicklung, IT-Betrieb und Qualitätssicherung ermöglichen. Dazu haben unsere Mitarbeiter gemeinsam mit Studierenden der Partnerhochschulen geforscht. Die Ergebnisse werden im Rahmen von Vorträgen auf IT-Messen und -Fachtagungen vorgestellt und im Internet publiziert.
>
> Wir im Recruiting nutzen diese Ergebnisse. Interessierte Kandidaten weisen wir schon in der Direktansprache gezielt auf unsere Vorträge und Forschungsergebnisse zum Thema DevOps hin. Wir laden Bewerber gerne ein, um einzelne Bausteine gemeinsam live auszuprobieren. Auch wenn von einer Einstellung zu diesem Zeitpunkt meist noch keine Rede ist, entwickelt sich in vielen Fällen eine nähere Beziehung, die irgendwann in eine Festanstellung münden kann."

▶ **Handlungsempfehlung** Obwohl die Vorteile des Content Marketings im Recruiting offenbar sind, sollten Unternehmen folgende Punkte beachten, um diesen Ansatz erfolgreich umsetzen zu können:

- Machen Sie keine Marketing-Versprechen, die Sie als Arbeitgeber nicht halten können.
- Legen Sie Wert darauf, dass der fachliche Content aus den Fachabteilungen kommt.
- Die HR-Abteilung sollte dann für die optimale Verbreitung des Contents sorgen und sofort den Kontakt zwischen Fachexperten und Kandidaten herstellen.

Dabei ist es wichtig, dass die HR-Abteilung als Vermittler, nicht als Headhunter agiert.

Literatur

dpa (2016) Wenn Angestellte zu Headhuntern werden. http://www.wiwo.de/erfolg/beruf/mitarbeiter-werben-mitarbeiter-wenn-angestellte-zu-headhuntern-werden/13559394.html. Zugegriffen: 1. Sept. 2016

index HR Marketing (2016) index Recruiting Report 2016

Mesmer A (2016) Gute Mitarbeiter ziehen Bewerber an. http://www.computerwoche.de/a/gute-mitarbeiter-ziehen-bewerber-an,3228185. Zugegriffen: 2. Sept. 2016

Orizon (2013) Arbeitsmarkt 2013 – Perspektive der Arbeitnehmer. https://www.orizon.de/fileadmin/user_upload/Presselounge_Texte_PDF/2013-11-14_Attraktiver_Arbeitgeber_Zeitarbeit.pdf. Zugegriffen: 28. Aug. 2016

SAP (2015) One4: Drei gute Gründe für soziales Engagement in der Wirtschaft. http://news.sap.com/germany/one4-drei-gute-grunde-fur-soziales-engagement/. Zugegriffen: 29. Aug. 2016

Was Mitarbeiter wirklich wollen: Die Hype-Strategie

7

Wer im Außen strahlen will, sollte im inneren Kern arbeiten!

Zusammenfassung

In diesem Kapitel werden die Ergebnisse der Interviews mit IT-Anbietern zum Thema Recruiting zusammengefasst. In Verbindung mit meinen langjährigen Praxiserfahrungen fließen sie in konkrete Handlungsempfehlungen für die erfolgreiche Personalgewinnung in der IT-Branche ein. Diese Handlungsempfehlungen habe ich in einem Sechs-Punkte-Plan zusammengefasst. Danach sollten Sie Ihren Mitarbeitern größtmögliche Eigenverantwortung übertragen und sie nach ihren individuellen Stärken und Vorlieben einsetzen, also bei ihrer Selbstverwirklichung unterstützen. Ein weiteres unbedingtes Muss sind der Abbau unnötiger Bürokratien und Hierarchien im Unternehmen und die Schärfung Ihres eigenen Arbeitgeber-Profils.

Mit diesem Zitat aus unbekannter Quelle möchte ich Sie in den Hauptteil dieses Buches einführen. In meinen Interviews und Umfragen habe ich den teilnehmenden IT-Geschäftsführern und -Führungskräften immer wieder die Frage gestellt, welche internen Rahmenbedingungen ein Unternehmen erfüllen muss, damit sie dort gerne arbeiten würden. Aus den Antworten habe ich einen Sechs-Punkte-Plan, die so genannte „Hype-Strategie" entwickelt, die beschreibt, wie IT-Unternehmen attraktive Mitarbeiterinnen und Mitarbeiter anziehen und langfristig an sich binden können.

Damit Sie den Sechs-Punkte-Plan, den ich Ihnen später detailliert vorstelle, erfolgreich umsetzen können, sollten Sie folgende Voraussetzungen schaffen:

- Eine aktive Entscheidung der HR-Abteilung herbeiführen, dass das IT-Recruiting künftig unabhängig von Märkten und der Unterstützung durch Headhunter durchgeführt werden soll.
- Management Commitment: Die Geschäftsleitung muss diese Entscheidung zu 100 % mittragen.
- Definition der Prioritäten zur Umsetzung des Sechs-Punkte-Plans: Ihre persönliche Recruiting-Strategie ist so individuell wie Ihr Fingerabdruck!
- Schrittweise Umsetzung des Sechs-Punkte-Plans

Kleiner Exkurs: Wovon Mitarbeiter träumen …
Selbst bestimmen, wie viel man verdient, oder einfach mal einen neuen Chef wählen? Klingt zwar wie der Himmel auf Erden, ist aber bereits in einigen Unternehmen Realität. Bevor wir systematisch in den Sechs-Punkte-Plan einsteigen, stelle ich Ihnen ein paar der verrücktesten Arbeitsmodelle vor, die ich auf dem Bewertungsportal kununu beschrieben fand (kununu 2016). Das Beste daran: Sie funktionieren!

Wähle dein Gehalt!
Jeder ist sich selbst der Nächste – dies gilt nicht immer, aber wenn's ums Gehalt geht, auf alle Fälle. Zermürbende Lohnverhandlungen mit den Arbeitgebern gehören der Vergangenheit an, wenn Arbeitnehmer selbst darüber bestimmen, was ihnen zusteht. Elbdudler, eine Digitalagentur aus Hamburg, ist das beste Beispiel dafür. Wer was verdient, bestimmen die Mitarbeiter. Die einzige Auflage ist, dass das Wunschgehalt von mindestens zwei Kollegen abgesegnet wird. Gibt es ein Ok, wird mehr bezahlt. Wer jetzt an sechsstellige Gehälter denkt, irrt. Zwar stieg nach Einführung des neuen Entlohnungssystems bei Elbdudler das Gehaltsniveau leicht an, aber damit auch die Verantwortung aller Mitarbeiter – jeder war plötzlich Unternehmer und am langfristigen Erfolg der Agentur interessiert. Damit war ausgeschlossen, dass ein Einzelner durch ein übertrieben hohes Gehalt der Firma schadet. Ebenso wie starre Gehaltsstrukturen und Boni nicht das Wohl des Unternehmens, sondern die prall gefüllte eigene Tasche in den Vordergrund stellen. Durch den transparenten Umgang mit dem Thema ist bei Elbdudler auch die Identifikation mit dem Unternehmen gestiegen.

Alles im Flow …
Ein Laden, der ganz von alleine läuft – so lautete die Vorstellung der Führungsebene der Ministry Group. Als die Hamburger Agentur für digitale Kommunikation beinahe vom eigenen Wachstum überholt wurde, glich die Ressourcenverteilung dem üblichen Gerangel im Sommerschlussverkauf. Allein die Informationsbeschaffung und -verteilung verschlangen wertvolle Arbeitsstunden.

Die Frage: „Wer weiß am besten, wie viele Ressourcen er benötigt?", war Problem und Lösungsansatz zugleich.

Daher beseitigte die Ministry Group den üblichen Top-down-Ansatz zugunsten der Selbstorganisation. Das heißt konkret: Die klassischen Strukturen im Unternehmen wurden von heute auf morgen abgeschafft und durch hierarchiefreie Arbeitsgruppen, die sogenannten X-Teams, ersetzt. Von nun an waren die Mitarbeiter selbst für Aufgaben wie Controlling, Ressourcen, Personalplanung und Kommunikation zuständig. Dass es dadurch zunächst zu Reibungen kam, versteht sich von selbst – nicht jeder wollte sich vom Azubi Anweisungen erteilen lassen. Nach anfänglichen Schwierigkeiten jedoch begannen die Teams, sich selbst zu organisieren. Im Nachhinein bedeutete diese Umstellung zwar mehr Arbeit für die Teams, aber auch mehr Effizienz. Die Chefs selbst verstehen sich jetzt selbst als Service-Teams, die ein Umfeld schaffen, in dem die anderen Teams optimal arbeiten können.

Wähle deinen Chef!
Normalerweise wählt der Chef seine Mitarbeiter aus. Beim Schweizer Arbeitgeber Umantis, Anbieter für Talent-Management-Lösungen, ist es genau umgekehrt: Hier wird der Vorgesetzte von den Mitarbeitern demokratisch gewählt. Dazu wird gemeinsam ein Leitbild für die benötigte Stelle definiert. Wer denkt, dass er für die Rolle geeignet ist, stellt sich dafür auf. Umantis hat die Erfahrung gemacht, dass die Mitarbeiter am besten wissen, was ihr Unternehmen braucht, um noch erfolgreicher zu werden. Damit lassen sich auch schwierige Entscheidungen, wie Sparmaßnahmen oder Entlassungen, einfacher durchsetzen. Schließlich haben alle zusammen die Marschrichtung beschlossen, und jeder hat die Gewissheit, der Richtige für diese Rolle zu sein. Nicht festgelegt wird hingegen, wie lange die „Amtsperiode" eines Chefs währt. Haben die Mitarbeiter das Gefühl, dass der Chef nicht mehr die richtigen Entscheidungen trifft oder sich das Leitbild verändert hat, kommt es zu Neuwahlen.

Ausflug in die Zukunft: Peter F. Drucker über die Arbeitswelt 2020
In einem Essay für den „Harvard Business Review" aus dem Jahr 1992 stellt der Managementdenker Peter F. Drucker fest, dass es in der Geschichte der westlichen Welt alle paar Hundert Jahre zu einer tief greifenden Wandlung gekommen ist (Harvard Business Manager 2014). In solchen Zeiten würden sich die Weltsichten, Grundwerte sowie die sozialen und politischen Strukturen der Gesellschaften vollständig umgestalten. Nach Druckers Einschätzung wird die neueste dieser neuen Welten durch einen vorherrschenden Faktor geprägt sein: „Die Entwicklung zu einer Wissensgesellschaft."

Der Managementdenker betont, dass die Erhöhung der Produktivität der Wissensarbeiter das wichtigste Ziel sei, das das Management im 21. Jahrhundert erreichen muss. Doch wenn man betrachtet, wie die meisten Unternehmen und Organisationen heute geführt werden, scheint dieses Ziel in weiter Ferne zu liegen. Denn nach wie vor macht es uns große Mühe, uns auf die neue Realität einzustellen, die Peter F. Drucker prophezeite.

Welche Möglichkeiten bieten sich den Managern, um der neuen Ära der Wissensgesellschaft gerecht zu werden?

> **Peter F. Drucker nennt die folgenden sechs Erfolgsfaktoren, die bei der Führung eines Unternehmens berücksichtigt werden sollten**
> - **Finden Sie heraus, welche Informationen Sie benötigen!**
>   „Wissensarbeiter brauchen Informationen, um ihre Aufgaben erfüllen zu können", schreibt Drucker. Dies gelte vor allem für Führungskräfte, da sie ganze Unternehmen und Abteilungen leiten. Jedoch sei es erschreckend, dass die Manager sich dabei immer noch auf die Produzenten dieser Daten verlassen – „die Erbsenzähler, die Vertriebsleute, die IT-Abteilung", die leider oft gar nicht wüssten, was sie da machen. Manager dürften sich nicht allein auf die gelieferten Zahlen, Daten und Fakten verlassen, sondern müssten zunächst klären, was für Informationen sie überhaupt benötigen, um dann die richtigen Fragen zu stellen.
> - **Merzen Sie alles aus, was nicht mehr zeitgemäß ist!**
>   Viele Manager sprechen von Innovationen und wünschen sich diese im Unternehmen, sind jedoch oft nicht bereit, sich von alten Produkten und Dienstleistungen zu trennen, um Raum und Ressourcen für neue zu schaffen. Wer sich jedoch nicht ständig neu erfindet, riskiert es laut Peter F. Drucker, dass seine wissensbasierte Organisation sehr bald veraltet und die Leistungsfähigkeit einbüßt. In der Folge kann ein Unternehmen nicht mehr die qualifizierten, sachkundigen Mitarbeiter anziehen und halten, von denen seine Leistungsfähigkeit abhängt.
> - **Geben Sie Ihren Mitarbeitern so viel Eigenverantwortung wie möglich!**
>   Unternehmen werden teilweise heute noch wie vor 100 Jahren geführt: per Top-down-Ansatz. Dieser wird in einer Wissensgesellschaft nicht mehr funktionieren, da die Mitarbeiter mehr über die Produkte und Kunden wissen als ihre Vorgesetzten. „Wissensarbeiter müssen sich selbst managen", fordert Managementdenker Peter F. Drucker schon 1992. „Sie brauchen Autonomie."

- **Machen Sie Ihr Unternehmen zu einer lernenden Organisation!**
  Darüber hinaus sollten Sie beginnen, die Organisationsstrukturen Ihres Unternehmens so zu verändern, dass Wissen gemanagt und somit vervielfältigt wird. Dazu müssten zunächst die Arbeitsfelder neu gestaltet werden, und zwar so, dass sie die Generierung neuen Wissens fördern. Konkret sollten Sie über die bloße Weitergabe bereits bekannter Informationen hinausgehen und Ihren Mitarbeitern helfen, schneller wirklich neue Erkenntnisse zu gewinnen, indem sie schwierige Aufgaben gemeinsam angehen.
- **Vermitteln Sie Ihren Mitarbeitern ein stärkeres Gefühl der Sinnhaftigkeit!**
  Umfragen zufolge engagiert sich die große Mehrzahl der Mitarbeiter nicht wirklich für ihre Arbeit. Dies habe den Grund, dass es Unternehmen nicht gelinge, ihren Mitarbeitern ein Gefühl für den übergeordneten Sinn ihrer Tätigkeit zu vermitteln. Nur allzu oft scheine das Unternehmen Selbstzweck zu sein. Wissensarbeiter ließen sich motivieren, sobald ihnen Ziele, Vision und Mission des Unternehmens bekannt sind und diese ihren eigenen Wertvorstellungen entsprechen.
- **Machen Sie sich mehr Gedanken über die Verlierer dieser Entwicklung!**
  „Unser Hauptproblem mit den heutigen Milliardären besteht darin, dass relativ wenig von dem Wert, den sie geschaffen haben, beim Rest der Menschheit ankommt", wird Roger Martin von der University of Toronto in dem genannten Beitrag im „Harvard Business Manager" zitiert. Martin unterstreicht, dass dies eine unhaltbare Situation sei, und fordert von den Top-Managern, sich im Hinblick auf ihre Gehälter mehr zu mäßigen.

Fazit:
Leider vergessen wir viel zu schnell, dass wir uns seit fast 50 Jahren in einer tief greifenden gesellschaftlichen Veränderung befinden: Im Wissenszeitalter verdienen die wenigsten Menschen noch ihr Geld mit harter körperlicher Arbeit. Dieser Wandel setzt ein Umdenken im Management der Unternehmen voraus. Wenn wir wie Peter F. Drucker davon ausgehen, dass dieser Umbruch bis zum Jahr 2020 spätestens abgeschlossen sein wird, ist es tatsächlich schon fünf Minuten vor zwölf Uhr und höchste Zeit, dass die Manager sich den neuen Anforderungen stellen.

So geht's weiter: Die sechs Schritte der „Hype-Strategie"
Lernen Sie in den nächsten Kapiteln die sechs Schritte der „Hype-Strategie" für ein erfolgreiches IT-Recruiting kennen und erfahren Sie von IT-Unternehmen, wie sie sich diese Strategie bereits zunutze gemacht haben.

7.1 Geben Sie Ihren Mitarbeitern größtmögliche Eigenverantwortung!

Unternehmen sind gut beraten, ihre Mitarbeiter als Menschen zu betrachten und sie mit allen ihren Stärken, Schwächen und individuellen Unterschieden zu akzeptieren. Nur so erschließt sich das vollständige Potenzial der Beschäftigten. Das heißt aber auch, dass die herkömmlichen Top-down-Strategien zur Mitarbeiterführung durch eine neue Kultur der Toleranz, Offenheit und Konfliktbereitschaft ersetzt werden müssen, die deutlich über das gewohnte Feedback-Prinzip hinausgeht. Dass dies nicht immer einfach und sehr zeitintensiv ist, steht außer Frage, wird jedoch durch nachhaltige Erfolge bei der Gewinnung und Bindung von IT-Spezialisten belohnt.

Lassen Sie Ihre Mitarbeiter unternehmerisch und eigenverantwortlich handeln!
IT-Experten, die unternehmerisch und eigenverantwortlich handeln, können die Profitabilität eines Betriebes nachweislich steigern. Im Berufsalltag sieht dies jedoch oft anders aus. Hier verhindern die Organisationsstrukturen und die Kultur in den Unternehmen, dass sich die Mitarbeiter entsprechend ausrichten. Die Folge: Nur wenige IT-Spezialisten blicken bei ihrer Arbeit über den Rand ihres Schreibtischs hinaus und sind bereit, das Risiko eventueller Fehlentscheidungen zu tragen. Ihr Hauptaugenmerk liegt vielmehr darauf, sich abzusichern, damit kein Vorgesetzter oder Kollege sie kritisieren kann. Dieses Phänomen ist bis ins mittlere Management zu beobachten. Daher müssen die Führungskräfte schleunigst umdenken und ihren Mitarbeitern die Möglichkeit geben, ihre Arbeit unternehmerisch und eigenverantwortlich zu strukturieren, auch was Arbeitszeiten und Arbeitsorte, wie Homeoffice, betrifft.

Nehmen Sie Ihren Mitarbeitern die Angst vor zu viel Eigeninitiative!
Dass sich viele Mitarbeiter vor zu viel Eigeninitiative scheuen, ist kein Zufall. Denn die meisten Betriebe haben oft jahrzehntelang von ihren Mitarbeitern erwartet, dass sie die ihnen übertragenen Aufgaben widerspruchslos erfüllen, Stichwort „Management by Objectives". Diese Art der Führung durch Zielvereinbarungen ist

einfach und sinnvoll umsetzbar, solange ein IT-Berater fünf Tage in der Woche vor Ort beim Kunden im Einsatz ist. Soll er dann aber an seinem eigenen Arbeitsplatz eigenständige Entscheidungen treffen, reagiert er oft vollkommen hilflos, vor allem dann, wenn diese auf andere Bereiche Auswirkungen haben könnten – schließlich nahmen ihm die Chefs die Entscheidungen in der Vergangenheit meist ab.

Mit einem über Jahrzehnte antrainierten Verhalten lässt sich jedoch nicht erklären, warum auch viele junge Führungskräfte wenig Risikobereitschaft zeigen. Auch wenn die Nachwuchsmanager neu in eine Firma kommen, eignen sie sich schnell die Verhaltensmuster der „alten Hasen" an. Denn sie müssen bald die Erfahrung machen, dass eigenverantwortliches Handeln zwar propagiert, aber sofort sanktioniert wird, wenn ein bestimmtes Maß überschritten wird. „Wenn ich zu viel Eigeninitiative zeige, gelte ich als nicht teamfähig und schwer integrierbar. Treffe ich dabei auch noch Fehlentscheidungen, stehe ich schnell am Pranger. Mein berufliches Fortkommen fördert dies nicht", denken viele IT-Experten – vom „einfachen" Mitarbeiter bis zum mittleren Management. Wer das Potenzial seiner Beschäftigten heben möchte, sollte daher neue Wege gehen und eigene Initiativen unterstützen und belohnen.

Auch Führungskräfte müssen umdenken!

Viele Führungskräfte betrachten es qua Position als ihr Privileg, über die Vergabe von Informationen zu entscheiden und in das Tagesgeschäft ihrer Mitarbeiterinnen und Mitarbeiter ständig „hineinzuregieren". Wer allerdings von seinen IT-Experten mehr Selbstverantwortung und Eigeninitiative fordert, sollte darauf achten, dass sich die Vorgesetzten mehr und mehr aus dem Tagesgeschäft zurückziehen. Doch meist ist das Gegenteil der Fall.

Dies registrieren auch die Mitarbeiter. Entsprechend schizophren ist oft ihr Verhalten. Immer wieder ist in den Unternehmen folgende Situation zu beobachten. Sitzt man zum Beispiel mit einem Bereichsleiter zusammen und spricht mit ihm unter vier Augen, strahlt er eine große Selbstsicherheit aus. Fast könnte man meinen, ihm gehöre das Unternehmen. Trifft man denselben Bereichsleiter aber im Beisein seines Vorgesetzten, scheint der selbstbewusste Entscheider zum unterwürfigen „Aktentaschenträger" mutiert zu sein.

Wenn unternehmerisches Denken und Handeln in einer Organisation verankert werden sollen, müssen jedoch nicht nur die Mitarbeiter umdenken und neu lernen, sondern auch die Führungskräfte. Denn nur so lässt sich erreichen, dass sie ihren Beschäftigten genügend Freiräume geben. Nicht zu vernachlässigen ist auch, dass es sich dabei nicht nur um eine Frage individueller Kompetenzen, sondern auch der Unternehmenskultur handelt. Daher liegt es an den Geschäftsführern und HR-Verantwortlichen, die Rahmenbedingungen für diese Veränderungsprozesse zu schaffen.

Warum die Eigenverantwortlichkeit der Mitarbeiter so wichtig für eine erfolgreiche Umsetzung der Hype-Strategie, das heißt für ein IT-Recruiting ohne Headhunter, ist? Wenn Sie die besten Talente für Ihr Unternehmen gewinnen möchten, haben Sie es mit Arbeitnehmern zu tun, die ihren Wert genau kennen. Warum sollten diese Experten in einem Betrieb arbeiten wollen, in dem ihnen alles vorgeschrieben und streng geregelt wird? Aus meinen langjährigen Erfahrungen als Personalberater weiß ich, dass die weitaus meisten Kandidaten sehr großen Wert auf eigenverantwortliches Handeln legen. Wer in Kundenprojekten über Millionen-Budgets entscheidet und komplette Wertschöpfungsketten managt, möchte nicht mit seinem Arbeitgeber darüber verhandeln müssen, ob er zeitweise im Homeoffice arbeiten darf oder nicht.

Darüber hinaus können Sie sicher sein, dass sich die IT-Kandidaten heute vielfach über Ihr Unternehmen und seine Kultur informieren können: zum Beispiel über das Bewertungsportal kununu, über zahlreiche Social-Media-Kanäle und über Kollegen, die noch für Sie arbeiten oder für Sie gearbeitet haben. Daher mein Rat: Starten Sie schleunigst die erforderlichen Veränderungsprozesse und führen Sie Ihre Mitarbeiter Schritt für Schritt an die Prinzipien eigenverantwortlichen und unternehmerischen Handelns heran. Dabei empfiehlt es sich, die Umstellung teamweise vorzunehmen statt „auf einen Schlag" im ganzen Unternehmen.

> **Rosemarie Clarner, Human Resources Officer, Geschäftsführung der Scheer GmbH**
> „Wir motivieren unsere Mitarbeiterinnen und Mitarbeiter, eigenverantwortlich Entscheidungen zu treffen. Das gilt sowohl für Inhalte als auch für Fragen der individuellen Zeiteinteilung. Bei letztgenannter sind wir bemüht, den Mitarbeitern große individuelle Freiheiten zu gewähren – soweit es unsere eigenen Möglichkeiten und die Erfordernisse von Kundenprojekten erlauben. Dazu bieten wir u.a. folgende Möglichkeiten der selbstbestimmten Zeiteinteilung an:
>
> - **Flexible Arbeitszeiten.** Je nach Absprache in den Teams können unsere Mitarbeiter in hohem Maße selbst entscheiden, wann sie arbeiten wollen. Manche Entwickler beispielsweise beginnen erst am Spätvormittag, im Homeoffice zu arbeiten. Das ist für uns völlig in Ordnung, solange sie ihre Projekte und Aufgaben im Griff haben.
> - **Vertrauensarbeitszeit.** Im Hause Scheer gibt es keine Zeiterfassung. Auch hier gilt wieder, dass Projekte und Aufgaben in Abstimmung mit

den anderen Teammitgliedern zeit- und qualitätsgerecht erledigt werden müssen.
- **Homeoffice ist für viele Mitarbeiter Standard, das gilt vor allem im Bereich der Beratung.**

Obwohl wir mit unserem flexiblen Arbeitsmodell überwiegend gute Erfahrungen gemacht haben, gibt es natürlich immer wieder auch Ausnahmen – denn nicht jeder Mitarbeiter kommt mit den gewährten Freiheiten klar. Solche Ausrutscher gehören aber einfach dazu, hier muss dann entsprechend nachgesteuert werden. Prinzipiell geht es uns vor allem darum, dass jeder Mitarbeiter seine Ziele erreicht. Die Wege, auf denen er dies tut, sind zweitrangig. So würden wir keinem Vertriebsmitarbeiter vorschreiben, wann und wo er arbeitet. Wichtig ist allein, dass er in seinem Team abgestimmt ist und die vereinbarten Umsatzzahlen erreicht!"

Simon Eisenried, Leiter Recruiting der MaibornWolff GmbH
„Das Prinzip Familienfreundlichkeit steht bei uns ganz obenan. Im Detail heißt das, dass wir Müttern und Vätern die Möglichkeit geben, in der Beratung zu arbeiten, auch wenn sie nicht zu 100 Prozent reisebereit und damit mobil sind. Wir als Arbeitgeber schaffen den Rahmen, dass unsere Beraterinnen und Berater ihre Arbeitsbedingungen immer wieder an veränderte Lebenssituationen anpassen können. Dazu bieten wir verschiedene Arbeitsmodelle an, wie Homeoffice, Freizeitausgleich für Überstunden, Zeitwertkonten, Arbeitszeitkonten statt Überstunden und vieles mehr.

Nicht nur für Mütter und Väter ist es möglich, in Teilzeit zu arbeiten, sondern prinzipiell für jeden Mitarbeiter, der Bedarf hat. Dabei kann es sich um vorübergehende Phasen handeln, wenn zum Beispiel die kranken Eltern oder andere Angehörige gepflegt werden müssen, aber auch um beliebig lange Zeiträume. So haben wir aktuell Projektleiter, die sich die Leitung von Kundenprojekten teilen und für uns jeweils (nur) 60 Prozent arbeiten. Die größte Herausforderung bei der Teilzeitarbeit lag zunächst auf der Seite der Kunden, da dort Unsicherheit bestand, ob ein solches Zeitmodell auf Leitungsebene überhaupt funktionieren kann. Mit offenen, ehrlichen Gesprächen ist es uns jedoch gelungen, die Ängste der Kunden abzubauen. Es hat sich gelohnt: Heute stellt unser Teilzeitangebot auf jeder Hierarchieebene ein echtes Alleinstellungsmerkmal im Recruiting dar.

> Darüber hinaus hat MaibornWolff ein „Sabbatical"-Programm, das allen Mitarbeitern erlaubt, eine Auszeit zu nehmen, ohne dass sie ihren Job und ihre Verantwortung verlieren. Einer unserer Bereichsleiter hat eine zehnmonatige Elternzeit genommen. Im Vorfeld sprach er diesen Schritt mit seinem Team ab, das sich in der Zeit seiner Abwesenheit selbst gemanagt hat. Sie können sich vorstellen, welche Motivation und Dynamik dieser Verantwortungszuwachs in jedem Team-Mitglied freigesetzt hat!"

> **Michael Weise, Geschäftsführer der Movilitas Consulting GmbH**
> „Als junges Unternehmen befinden wir uns aktuell noch an einer anderen Schwelle, was die Eigenverantwortlichkeit unserer Mitarbeiter betrifft. So sind wir gerade dabei, bestimmte Vorgaben einzuführen, die es bislang aufgrund zu wenig entwickelter Organisationsstrukturen noch nicht gegeben hat. Mit diesen Regelungen soll eine gleichbleibende Qualitätssicherung in allen Kundenprojekten installiert werden, unabhängig von den Mitarbeitern, die in den einzelnen Projekten im Einsatz sind.
>
> Diese neuen Richtlinien kommen sowohl bei den Kunden als auch den Mitarbeitern sehr gut an, da sie einen klaren Rahmen für die Projektarbeit schaffen. Jedoch wollen wir auch in Zukunft an unserer Devise festhalten, den Mitarbeitern ein größtmögliches Maß an Eigenverantwortung zu geben, solange der reibungslose Betrieb gewährleistet bleibt. In diesem Zusammenhang sind wir für viele geeignete Modelle aufgeschlossen. So ist es einem unserer Mitarbeiter erlaubt, seine Tochter nachmittags regelmäßig in der Kita abzuholen – solange er dies mit seinen Kundenprojekten in Einklang bringen kann. Wichtig ist in jedem Fall, dass ein gegenseitiges Grundvertrauen besteht – dann können unsere Mitarbeiter durchaus frei agieren."

Ein Praxisbeispiel
Ich spreche mit dem Vorstand und Gründer einer IT-Beratung in Hannover. Er berichtet von einer zentralen These, die in seinem Unternehmen zum Thema Entscheidungsfindung und Eigenverantwortung aufgestellt wurde: „Was unseren Mitarbeitern Spaß macht, nützt auch unserer Firma. Ein Beispiel dafür ist ein Fall, bei dem unsere Kunden immer wieder die gleichen IT-Anforderungen stellten, für die wir keine standardisierte Lösung hatten. Daher riefen wir unser

komplettes Team zu einem Kompetenz-Workshop zusammen. Nach eingehender Diskussion fragten wir die Beraterinnen und Berater, wer von ihnen das Thema übernehmen will, um eine neue Lösung – ob als Produkt oder Beratungspaket – zu designen. Ein Berater sagte sofort zu. Da er großes Potenzial in diesem Bereich sah, gründeten wir nach fünf Monaten auf seinen ausdrücklichen Wunsch hin einen neuen Geschäftsbereich. Warum hätte ich ihm diese Bitte abschlagen sollen? Er genießt mein vollstes Vertrauen. Der Erfolg gibt mir recht: Durch sein großes Engagement trägt der Berater wesentlich zum Erfolg der neuen Business Unit bei. Dies zeigt: Mit Eigenverantwortung lässt sich eine Top-Motivation erzielen!

Ein weiteres wichtiges Thema sind die Fachschulungen für unsere Mitarbeiter. Da unsere Philosophie lautet, dass sich die Mitarbeiter gemeinsam mit dem Unternehmen entwickeln sollen, darf jeder seine Schulungen eigenständig buchen, ohne dass es der Genehmigung durch die Geschäftsleitung oder Vorgesetzten bedarf. Ich als Vorstand maße mir nicht an zu sagen, ob ein Mitarbeiter eine bestimmte Schulung braucht oder nicht – das weiß er selbst am besten. Da die meisten IT-Schulungen nicht direkt etwas mit unserem täglichen Geschäft zu tun haben, sondern Zukunftsthemen behandeln, investieren wir damit ja auch in die Weiterentwicklung unserer Firma."

▶ **Umsetzungsliste & Summary**

- Setzen Sie auf die Eigenverantwortung Ihrer Mitarbeiter.
- Schaffen Sie Rahmenbedingungen, damit Ihre Mitarbeiter so arbeiten können, wie sie es selbst bevorzugen.
- Setzen Sie dazu auch ein Umdenken Ihrer Führungskräfte in Gang.
- Sorgen Sie für ein klares Management Commitment.
- Sorgen Sie dass, dass die HR-Abteilung als Treiber agiert.
- Beginnen Sie in kleinen Schritten – Team für Team.

7.2 Kommunizieren Sie ehrlich und direkt!

In Zeiten von Social Media und Bewertungsportalen spricht es sich schnell herum, wenn eine unzureichende Kommunikation im Unternehmen zu schlechter Stimmung und wechselwilligen Mitarbeitern führt. Daher ist es besser, wenn ein Arbeitgeber die relevanten Informationen schnell und zuverlässig kommuniziert und den Mitarbeitern auch genügend Raum für Rückmeldungen gibt.

Offene Kommunikation: Meist ein frommer Wunsch
Viele Unternehmen schmücken sich gerne mit einer vertrauensvollen und offenen Kommunikationskultur. Doch die Realität sieht anders aus.
„Es ist fast schon ein geflügeltes Wort. Jeder möchte sie, der Chef von seinen Mitarbeitern, der Freund, der Partner. Offene Kommunikation, Kritik-Bereitschaft, das ist doch wirklich etwas Erstrebenswertes", schreibt Uwe Hauck, Senior Software Engineer bei einem IT-Dienstleister, bei Silicon, fragt aber: „Warum klappt das in Wirklichkeit so gut wie nie? Warum haben so viele Menschen so große Probleme damit, sei es, offene Kommunikation aktiv zu betreiben oder ein offenes Wort anzunehmen?" Uwe Hauck gibt auch gleich selbst die Antwort: „Weil wir es nie gelernt haben und noch wichtiger, weil es in der Kultur gar nicht verankert ist" (Silicon 2013).

Richtige Kommunikation beginnt bei einem selbst
Geschäftsführer und Teamleiter, die eine offene und ehrliche Kommunikation vonseiten ihrer Mitarbeiter erwarten, müssen zuerst bei sich selbst anfangen. Ein Grund für eine mangelhafte Kommunikation kann zum Beispiel darin liegen, dass man Probleme mit sich herumschleppt. In diesem Fall ist es besser, dass man Belastendes nicht permanent in sich hineinfrisst, sondern auch die anderen davon in Kenntnis setzt – natürlich ohne sie mit seinen Problemen zu überschütten. Denn wer sich zu sehr verschließt, wirkt auf seine Gesprächspartner alles andere als offen und ehrlich.

Darüber hinaus ist es wichtig, mit den Mitarbeitern darüber zu sprechen, warum bestimmte Entscheidungen getroffen wurden. Denn oft kommt es vor, dass Beschäftigte die Entscheidungen ihrer Vorgesetzten nicht verstehen, weil sie die Rahmenbedingungen nicht kennen und keine Ahnung von ihren Beweggründen haben. Viele Führungskräfte befürchten, dass eine offene Kommunikation als Schwäche ausgelegt wird. Genau das Gegenteil ist der Fall, wie meine Praxiserfahrungen zeigen.

Zuhören ist wichtiger denn je
An zweiter Stelle steht das Zuhören. Oft ist in Gesprächen zu beobachten, dass jeder nur über sich selbst redet. Doch wie ergiebig sind die Gespräche zweier Selbstdarsteller? Stattdessen sollte sich jeder Vorgesetzte die Zeit nehmen, seinen Mitarbeitern aufmerksam zuzuhören. Er wird erstaunliche Diskussionen führen und mehr über die Beschäftigten in Erfahrung bringen, da man sich guten Zuhörern in der Regel deutlich schneller öffnet. Wer an den Problemen und Gedanken der anderen aufrichtiges Interesse zeigt, wird mit Ehrlichkeit und Offenheit belohnt.

7.2 Kommunizieren Sie ehrlich und direkt!

Ein Praxisbeispiel

Martina S., Geschäftsführerin eines IT-Sicherheitsanbieters in Mannheim, unterstreicht in einem Gespräch die Bedeutung einer offenen und ehrlichen Gesprächskultur in ihrem Unternehmen:

> Auch im Bereich der Zahlen, zum Beispiel bei den Umsätzen, ist es uns wichtig, dass die Kolleginnen und Kollegen auf dem Laufenden sind und jederzeit wissen, wo unsere Firma steht. Ein Beispiel dafür: Vor einigen Monaten begannen wir zu planen, eine neue Geschäftsstelle in London zu gründen, da einige unserer Kunden den Wunsch geäußert hatten, auch dort beraten zu werden. In diese Planungen bezogen wir frühzeitig die Mitarbeiter ein, da mit jeder Neugründung bekanntlich auch Risiken verbunden sind. Darüber hinaus können wir durch diesen ‚Flurfunk' von den beruflichen Netzwerken unserer Mitarbeiter profitieren, um geeignete IT-Spezialisten für die neue Niederlassung zu rekrutieren.

Offenheit auch bei Bewerbungsverfahren

Wie das Beispiel des IT-Sicherheitsanbieters zeigt, wirkt sich eine offene und ehrliche Kommunikation mit den Mitarbeitern auch auf die Recruiting-Erfolge eines Unternehmens aus. Dies betrifft nicht nur mögliche Empfehlungen, bei denen Mitarbeiter neue Kollegen werben, sondern die Bewerbungsprozesse selbst. Können Sie einem Kandidaten etwa nicht das gewünschte Gehalt zahlen, sollten Sie ihm dies sofort mitteilen, anstatt sich um dieses Thema zu drücken. Denn damit würden Sie nur Ihre Zeit und die Zeit des Bewerbers vergeuden. Ein klares „Nein" ist sinnvoller als ein Bewerbungsprozess, von dem Sie wissen, dass er zu keinem positiven Ergebnis führt.

▶ **Umsetzungsliste & Summary**

- Kommunizieren Sie ehrlich und schnell.
- Verwenden Sie verschiedene Kommunikationskanäle.
- Ermutigen Sie auch Ihre Mitarbeiter zu einer vollkommen ehrlichen Kommunikation gegenüber Ihrer Organisation.
- Halten Sie Ihre Kommunikation so einfach wie möglich.
- Schaffen Sie Raum für Rückmeldungen, jede Art der Kritik ist willkommen.

7.3 Setzen Sie Ihre Mitarbeiter nach ihren individuellen Stärken und Vorlieben ein!

Dieses Kapitel zeigt, wie wichtig eine gezielte Weiterentwicklung nicht nur für die Wertschöpfung eines Arbeitgebers, sondern auch für das persönliche Wachstum der Mitarbeiter ist. Dazu gehört die Definition konkreter Wachstumspfade und Weiterbildungsangebote, die sich an den bevorzugten Lernmethoden und -zielen der einzelnen Mitarbeiter orientieren.

Exkurs: Alle erfolgreichen Persönlichkeiten arbeiten permanent an ihrer Weiterentwicklung ...
Erfolgreiche Menschen geben sich nicht mit dem zufrieden, womit sich die Masse der Menschen zufriedengibt. Sie nehmen sich stattdessen „Kaizen" zum Vorbild, einen in der japanischen Industrie entwickelten kontinuierlichen Verbesserungsprozess. „Kaizen" gilt im modernen Produktionsmanagement längst als unverzichtbarer Erfolgsfaktor. Damit ist die permanente Verbesserung von Tätigkeiten, Abläufen, Verfahren oder Produkten durch alle Mitarbeiter eines Unternehmens gemeint. Es kommt dabei nicht auf große Innovationen oder grundlegende Veränderungen an, sondern auf die Einbeziehung aller Mitarbeiter, die Vielzahl an Verbesserungsvorschlägen, die schnelle Umsetzung und die Sichtbarkeit der Erfolge. Ein Beispiel für „Kaizen" in der Gestaltung von Biografien ist der weltbeste Golfspieler Tiger Woods. Er trainiert täglich mehrere Stunden, um sich in der Weltspitze zu halten. Der Pianist Justus Frantz wiederum sagte einmal, dass er es merke, wenn er eine Woche lang nicht übe. Wenn er zwei Woche nicht übe, würden es seine Kollegen merken, nach drei Wochen das Publikum. Das wäre dann der Anfang vom Ende.

So charakteristisch diese beiden Beispiele für erfolgreiche Menschen sind, so ratsam erscheint es, die persönliche Weiterentwicklung nicht auf den Beruf zu begrenzen, sondern auf die übrigen Lebensbereiche auszuweiten. Zu einem glücklichen Dasein zählen nämlich auch die Familie, Gesundheit, Kontakte etc. Erst ein ausgewogenes Verhältnis zwischen Beruf und Privatem macht ein Leben lebenswert und befriedigt alle Belange.

Auch Arbeitgeber sind gut beraten, gezielt in die individuelle Weiterentwicklung ihrer IT-Spezialisten zu investieren: Sie werden dafür mit motivierten und engagierten Mitarbeitern belohnt. Für die berufliche und persönliche Förderung der Mitarbeiter bieten sich sechs Kanäle und Möglichkeiten an:

- **Online-Training:** Online-Kurse, Online-Workshops und Teleseminare sind allgemein sehr gefragt. Daher gibt es im Internet viele Bildungsplattformen, Mentoren, Coaches und Vordenker-Gruppen für jeden nur denkbaren Bereich der persönlichen und beruflichen Weiterentwicklung. Bieten Sie Ihren Mitarbeitern daher Online-Fortbildungen an. Sie erfordern weniger Zeitaufwand als Präsenzveranstaltungen und haben den Vorteil, dass sie zu jedem Terminplan passen.
- **Bibliotheken und Buchläden:** Schaffen oder erleichtern Sie für Ihre Mitarbeiter den Zugang zu Bibliotheken und Buchläden. Denn Bücher sind exzellente Möglichkeiten zur persönlichen Weiterbildung und erzielen gute Lerneffekte.
- **Podcasts oder Hörbücher:** Diese Medien können problemlos während längerer Warte- und Reisezeiten genutzt werden. Es gibt mittlerweile Tausende lehrreiche Sendungen und Vorlesungen, die bequem auf MP3-Player geladen und jederzeit angehört werden können.
- **Förderung Bildungswilliger und Querdenker:** Fördern Sie den Kontakt Ihrer Mitarbeiter zu anderen Bildungswilligen und Querdenkern und vernetzen Sie diese in Ihrem Unternehmen. Dies macht Spaß, schafft ein Umfeld mit positiver Lebenseinstellung und ist oft nützlicher, als einen Sieben-Tage-Workshop zu besuchen.
- **Freies Weiterbildungsbudget:** Stellen Sie jedem Mitarbeiter ein eigenes jährliches Weiterbildungsbudget zur Verfügung, über das er unabhängig von seinem Vorgesetzten verfügen kann. Ihre IT-Spezialisten sind damit völlig frei, sich für die gewünschten Weiterbildungsangebote zu entscheiden – auch wenn es sich dabei um einen Yoga-Kurs handeln sollte. Mit diesem frei verfügbaren Weiterbildungsbudget schaffen Sie selbstbestimmte Mitarbeiter, keine Bittsteller.
- **Zeitkonto und Zeitbudget:** Stellen Sie Ihren Mitarbeitern zum Beispiel den Freitag zur freien Verfügung – ob dieser nun für die individuelle Weiterbildung oder das berufliche Fortkommen genutzt wird. Schaffen Sie damit Freiräume für Innovationen und entlohnen Sie Ihre Mitarbeiter für den Freitag genauso, als ob sie beim Kunden fakturieren würden. Stellen Sie diesen Freitag unter ein bestimmtes Motto, zum Beispiel: „Immer wieder dieselben Fragen und Probleme im Projekt? – Schaffe am Freitag eine neue Lösung dafür!" Dieser Ansatz wird sich auch in der Fachwelt schnell herumsprechen und neue Mitarbeiter anziehen.

So können Chefs ihre Mitarbeiter fördern
Stärken Führungskräfte ihre Mitarbeiter, stärken sie auch das Unternehmen. Daher ist eine kontinuierliche Personalentwicklung unverzichtbar für den Geschäftserfolg. Eine effiziente Möglichkeit bieten Training-on-the-Job-Ansätze,

bei denen die Personalentwicklungsmaßnahmen direkt am Arbeitsplatz stattfinden. Dabei fungiert entweder der direkte Vorgesetzte oder ein (externer) Coach als Trainer, der bei der Entwicklung der individuellen Stärken hilft und auf mögliche Fehler aufmerksam macht. Dies funktioniert allerdings nur dann, wenn die Mitarbeiter mit Training-on-the-Job einverstanden und die Maßnahmen auf ihr individuelles Qualifikations- und Kompetenzniveau abgestimmt sind. Training-on-the-Job bietet den Vorteil, auf jeder Hierarchiestufe und relativ kurzfristig umsetzbar zu sein. Weil das Training direkt am Arbeitsplatz stattfindet, ist außerdem gewährleistet, dass das neu Gelernte sofort im täglichen Arbeitsprozess angewendet werden kann.

Strategien zur Arbeitsstrukturierung
Weitere Möglichkeiten zur Weiterentwicklung der IT-Spezialisten bieten verschiedene Strategien zur Arbeitsstrukturierung, wie Job Enlargement, Job Enrichment und Job Rotation. Beim Job Enlargement werden strukturell gleichartige Aufgaben umverteilt oder es kommen neue gleichartige Tätigkeiten hinzu. Diese Methode wird vor allem auf einfachen Positionen in der Weiterbildung eingesetzt. Beim Job Enrichment hingegen wird das Arbeitsfeld um höherwertige Aufgaben erweitert. Dem Mitarbeiter wird also mehr Verantwortung übertragen und er wird dadurch für eine mögliche Beförderung qualifiziert. Job Rotation wird angewendet, wenn die Mitarbeiter systematisch und geplant ihre Arbeitsplätze wechseln. Dies bietet den Vorteil, dass die Mitarbeiter viele verschiedene Aufgaben und Funktionsbereiche in einem Team oder einer Abteilung kennenlernen. Durch diesen Blick über den eigenen Tellerrand hinaus erhalten sie ein besseres Verständnis für die Zusammenhänge im Unternehmen.

Daneben zählen auch Hospitationen und Auslandseinsätze zur Job Rotation. Bei den Hospitationen werden Mitarbeiter für eine Weile in benachbarte Aufgabenbereiche, andere Abteilungen oder Niederlassungen entsandt. Auch hier steht das größere Verständnis für die Zusammenhänge im Unternehmen im Fokus. Hospitationen werden häufig in Einarbeitungsprozessen und Traineeprogrammen eingesetzt.

Entwicklungsmaßnahmen für Führungskräfte
Viele internationale Konzerne schicken ihre Mitarbeiter auf Auslandseinsätze, um sie weiterzuentwickeln. In der Regel richten sich diese Maßnahmen an Leistungsträger, die bereits eine wichtige Position innehaben oder für eine Beförderung fit gemacht werden sollen. Die Vorteile von Weiterbildungen im Ausland sind klar: Die Mitarbeiter erwerben interkulturelle Kompetenzen, ein hohes Maß an Flexibilität

und verstehen, internationale Märkte zu vergleichen sowie die Entwicklungsmöglichkeiten ihres Unternehmens global einzuschätzen.

Vom Coaching zur Teamentwicklung
Soll ein Mitarbeiter aus einer höheren Führungsebene weiterentwickelt werden, kann außerdem ein Coaching sinnvoll sein. Der (meist externe) Coach unterstützt den Mitarbeiter, indem er ihn bei der Umsetzung gemeinsam vereinbarter Maßnahmen begleitet. Themen für ein Coaching können Krisenbewältigung, Führungsprobleme, Work-Life-Balance oder Performancesteigerung sein.

Und schließlich gibt es noch die klassische Form der Mitarbeiterförderung durch Mentoring: Ein hierarchisch Höhergestellter betreut einen weniger erfahrenen Mitarbeiter. Diese Maßnahme fördert die persönliche Weiterbildung beider Mitarbeiter und wird meist in Nachwuchsprogrammen eingesetzt.

Zum Schluss soll noch die Teamentwicklung vorgestellt werden. Dabei geht es darum, ein bestehendes oder neues Team zu fördern, die Zusammenarbeit zu stärken oder den Teammitgliedern dabei zu helfen, ein Problem zu lösen. Dabei wird meist ein externer Coach eingesetzt, der in Workshops, Outdoor-Trainings sowie Einzel- und Gruppengesprächen mit den Mitarbeitern arbeitet.

Zeigen Sie auch Ihren „einfachen" Mitarbeitern konkrete Wachstumspfade!
Oft werden die „einfachen" Mitarbeiter in der Förderung schlichtweg vergessen, obwohl in ihnen großes Potenzial steckt. Das heißt: Viele IT-Arbeitgeber kümmern sich nur um ihre High Potentials und ärgern sich dann, wenn etwa ein (Senior) Berater mit der Begründung kündigt, im Unternehmen nicht weiterzukommen. Statt bis zu 20.000 EUR für einen Headhunter zu investieren, der einen neuen (Senior)Berater vermittelt, wäre es doch einfacher, dafür zu sorgen, dass kein Mitarbeiter geht. Zwar ist eine individuelle Betreuung zeitintensiv und nicht immer einfach, jedoch lohnend. Dazu gehört die Entwicklung eines Karriereplans mit konkreten Maßnahmen und Meilensteinen. Je mehr Sie Ihren Mitarbeitern Wertschätzung durch individuelle Förderung vermitteln, desto mehr wird dieses Vertrauen mit Einsatz belohnt. Somit produzieren Sie eine versteckte Wertschöpfung.

Individuelle Leistungen und Stärken im Mittelpunkt
Für Marco Nink, Strategic Consultant/Senior Practice Consultant beim Beratungsunternehmen Gallup, ist die Bedeutung immens, die der Faktor Mensch und seine Leistungsfähigkeit für den Erfolg eines Unternehmens haben. Dies wird im Gallup „Engagement Index 2015" am Beispiel von Mitarbeitergesprächen deutlich. Sie sind ein zentraler Hebel, um die emotionale Bindung am Arbeitsplatz zu erhöhen. So liegt der Anteil der emotional hoch gebundenen Mitarbeiter mit 31 %

weit über dem Durchschnitt, wenn in den vorangegangenen sechs Monaten mit dem Chef ein Gespräch über die Arbeitsleistungen geführt wurde. Leistungssteigernd wirken Mitarbeitergespräche vor allem dann, wenn ein klares Verständnis von den Erwartungen, Prioritäten sowie Verantwortlichkeiten bei der Arbeit existiert und die Mitarbeiter Aufgaben nachgehen können, die zu ihrer Person passen und bei denen sie ihre Stärken nutzen können.

Im Arbeitsalltag kommt dieser Fokus auf den Stärken laut Gallup jedoch häufig zu kurz. Nur jeder fünfte befragte Arbeitnehmer (18 %) erklärt, dass er mit seinem Vorgesetzten in den vergangenen Monaten ein gehaltvolles Gespräch über seine Stärken und positiven Eigenschaften geführt hat. Der Fokus liege weitestgehend auf den Schwachstellen. Als weiterer Schwachpunkt erweist sich die zu geringe Frequenz von Mitarbeitergesprächen. Dazu Marco Nink: „Mindestens zweimal im Jahr sollten sich Führungskraft und Mitarbeiter an einem festen Termin zusammensetzen. Dabei sollte es aber nicht belassen werden, sondern in kürzeren Zeitabständen zum Dialog kommen. Zwei bis drei kurze Gespräche zwischendurch erweisen sich als sinnvoll." Darüber hinaus sollte statt des häufig zu beobachtenden starren und statischen Austauschs ein maßgeschneiderter Dialog geführt werden, der den Mitarbeiter mit seinen individuellen Leistungen, Bedürfnissen und Entwicklungspotenzialen in den Vordergrund stellt (Nink 2014).

„Dell Plan für 2020" zur Mitarbeiterförderung
Unternehmen, die sich zukunftsweisend ausrichten, definieren sich nicht nur über wirtschaftlichen Erfolg und gesundes Wachstum: Sie stellen sich der Verantwortung, die sie gegenüber Umwelt, Gesellschaft – und eben ihren Mitarbeitern haben. Aus diesem Grund hat Michael Dell, Chairman, CEO und Gründer des weltweit drittgrößten PC-Herstellers Dell, schon vor einigen Jahren den „Dell Plan für 2020" ausarbeiten lassen, der neben konkreten Zielen für eine ehrgeizige Umweltstrategie auch viele Maßnahmen zur Mitarbeiterförderung formuliert (Dell 2012).

Der „Dell Plan für 2020" beschreibt ausführlich, was sich Michael Dell zur Förderung der eigenen Mitarbeiter vorgenommen und bereits auch umgesetzt hat. Die wichtigsten Punkte sind:

- Die Arbeitsumgebung so attraktiv zu gestalten, dass die Mitarbeiter ihr Potenzial ausschöpfen können, sich berufliche Ziele erreichen lassen und die Arbeit Spaß macht.
- Eine Unternehmenskultur zu etablieren, in der alle Mitarbeiter Risiken eingehen dürfen und sollen, die sie aktiv fördert und den Wert ihrer Arbeit schätzt. Die Mitarbeiter sollen stolz sein können, bei Dell zu sein und zu wirken.

7.3 Setzen Sie Ihre Mitarbeiter nach ihren individuellen ...

- Führungskräfte so zu schulen, dass sie engagiert die Potenziale der Teammitglieder zur vollen Entfaltung bringen.
- Dafür zu sorgen, dass jeder Mitarbeiter eine Stimme hat, die auch auf den höheren Unternehmensebenen gehört und bei der Weiterentwicklung der eigenen Firma berücksichtigt wird.

Als Besonderheit hat Dell so genannte „Employee Resource Groups (ERGs)" – zu Deutsch etwa: „Thematische Mitarbeiterteams" – ins Leben gerufen. Bis 2020 sollen 40 % aller Mitarbeiter in einer bestimmten Gruppe aktiv sein. So gibt es Mitarbeiter, die Gemeinsamkeiten bezüglich des Geschlechts, der Nationalität, ethnischen Herkunft, Lebensführung, sexuellen Orientierung oder anderer Interessen haben. Die ERGs ermöglichen den Kontakt der Mitarbeiter untereinander über Fachabteilungen und Länder hinweg und fördern eine persönliche, professionelle Weiterentwicklung sowie das Engagement in der Firma sowie im lokalen Umfeld. Ziel ist es, das Gemeinschaftsgefühl zu stärken und kreative Kräfte freizusetzen, weil jedes Teammitglied seine eigene Gedankenwelt, Perspektive und Ideen einbringen kann. Einige Beispiele für ERGs bei Dell:

- **„Women in Search of Excellence"** – setzt sich für die berufliche Entwicklung von Frauen ein.
- **„GenNext"** – fördert die Einführung und Nutzung von sozialen Medien innerhalb von Dell.
- **„True Ability"** – fördert die Entwicklung von Produkten für Menschen mit Behinderungen, hilft aber auch Mitarbeitern oder Familienmitgliedern, die eine Behinderung haben.

Eine ERG-Online-Community hilft dabei, dass sich die Teilnehmer einfach kontaktieren und austauschen können. Der Erfolg dieser ERGs bei Dell ist direkt messbar: So zeigt das jährliche Mitarbeiter-Feedback, dass die Mitarbeiter aus ERGs aktiver sind, die Strategie des Unternehmens besser verstehen und mehr zum Erfolg des Unternehmens beitragen. Außerdem bewerten sie das eigene Unternehmen besser als andere, die in keiner ERG aktiv sind.

> **Rosemarie Clarner, Human Resources Officer, Geschäftsführung der Scheer GmbH**
> „Der Einsatz unserer Mitarbeiter nach ihren persönlichen Stärken liegt im beiderseitigen Interesse. Daher führen wir einmal jährlich im Rahmen eines Mitarbeitergesprächs zwischen Führungskräften und Mitarbeitern

einen Abgleich durch zwischen den künftigen Anforderungen an einen Mitarbeiter sowie seinen Stärken und Interessen. Damit wissen wir zu jedem Zeitpunkt genau, in welchen Bereichen unsere IT-Experten besondere Kompetenzen und Vorlieben haben und welche neuen und strategischen Themen wir künftig mit welchen Mitarbeitern besetzen und vorantreiben können. Die Mitarbeiter selbst sind hoch motiviert, wenn sie die Chance erhalten, sich in neue Themen einzuarbeiten.

Davon profitiert auch unser ‚Innovation Board', das zweimal im Monat tagt und Vorschläge unterbreitet, welche Themen neu ins Portfolio aufgenommen werden sollen. Diese Themen können wir dann wiederum sehr gut mit den Skills und Wünschen der Mitarbeiter abgleichen. Natürlich kann in einem Beratungshaus wie Scheer nicht jedes IT-Trendthema getrieben werden, hier ist eine Fokussierung notwendig. Wir profitieren aber auch mittelbar von der Gründung des AWSI (August-Wilhelm Scheer Institut für digitale Produkte und Prozesse), mit dem wir in engem Austausch stehen. Das AWSI verfolgt das Ziel, ausgewählte Innovationen und einen anwendungsorientierten Forschungstransfer auf internationalem Niveau zu fördern.

AWSI (August-Wilhelm Scheer Institut für digitale Produkte und Prozesse)

Das durch eine Stiftung von Professor Scheer geförderte AWSI agiert ohne den Kosten- und Zeitdruck eines Unternehmens. Ziel ist es, Forschung zu betreiben und die entwickelten Ideen im Bestfall dann in Beratungsprodukte zu überführen. Das AWSI versteht sich als klassischer Innovationstreiber und setzt die Forschungsprojekte in enger Zusammenarbeit mit der Industrie um. ‚Die Arbeiten des AWS-Instituts sollen die Innovationskette von der Grundlagenforschung bis zur erfolgreichen Produktentwicklung beschleunigen', formuliert es Firmengründer Prof. Dr. August-Wilhelm Scheer.

Das Partnernetzwerk des AWSI umfasst Konzerne, mittelständische Unternehmen und neu entstehende Start-ups aus der ITK-Branche. Es ist auf dem Campus der Universität des Saarlandes angesiedelt, eine der besten deutschen Universitäten im Bereich der Informatik. Da das Institut Innovationen nicht nur als neuartige Ideen und Technologien betrachtet, sondern auch als Erzeugen von wirtschaftlicher Wirkung, entwickelt man aus Konzepten schnell und effizient Prototypen, die mit Partnern und Endanwendern getestet werden. Davon profitieren dann auch wieder die Mitarbeiter der Scheer GmbH, die – nicht selten im Konzert mit anderen Unternehmen – auf der Basis der Forschungsergebnisse dem Markt neue Produkte und Konzepte unterbreiten können.

‚Innovation Board' und AWSI: Auswirkungen auf die Mitarbeiter
Auf der Basis des ‚Innovation Board' können wir unsere Mitarbeiter gemäß ihren Stärken und Interessen für neue IT-Hype- und -Innovationsthemen einsetzen. Das AWSI kann diese Themen gegebenenfalls im Forschungsumfeld begleiten. Durch die enge Vernetzung mit der Forschung können wir ganz neue Bewerbertypen anziehen, nämlich sowohl junge als auch erfahrene IT-Spezialisten, die die Chance nutzen möchten, in einer frühen Phase an unseren neuen Themen mitzuarbeiten. Darunter sind Top-Leute, die sich ganz ohne Headhunter bei uns bewerben – die Kombination aus Wirtschaft und Wissenschaft kommt am Bewerbermarkt sehr gut an.

So ist es auch nur folgerichtig, dass wir zu den Gründungsmitgliedern des ‚Software Campus' zählen, dem 18 Partner aus Industrie und Forschung angehören und der vom Bundesministerium für Bildung und Forschung (BMBF) gefördert wird. Der ‚Software Campus' bildet die IT-Führungskräfte von morgen aus und eröffnet jungen IT-Spezialisten hervorragende Karriereperspektiven in Deutschland. Er verbindet Spitzenforschung und Management-Praxis in einem neuartigen Konzept.

Der ‚Software Campus' sucht herausragende Masterstudierende und Doktoranden der Informatik und informatiknaher Disziplinen, die großes Interesse an Führungsaufgaben in der Wirtschaft oder Unternehmensgründung haben. Ein Ziel ist es, dem wachsenden ITK-Fach- und Führungskräftemangel entgegenzuwirken, der die Branche nach Aussagen des Bitkom-Verbands jährlich etwa elf Milliarden EUR kostet. In enger Zusammenarbeit mit den Partnern aus Industrie und Forschung setzen die Teilnehmerinnen und Teilnehmer im Rahmen des Masterstudiums oder der Promotion ein eigenes innovatives IT-Projekt um. Dieses wird in einem Zeitraum von bis zu zwei Jahren mit bis zu 100.000 EUR vom BMBF gefördert.

Zu Beginn durchlaufen die Bewerber einen anspruchsvollen Auswahlprozess, im Rahmen dessen bei Bedarf auch Partner vermittelt werden. Nach Aufnahme in den ‚Software Campus' sind Doktoranden bis zu zwei Jahre, Masterstudierende in der Regel ein Jahr in das Führungskräfteentwicklungsprogramm eingebunden. In dieser Zeit setzen die Teilnehmer ihr IT-Projekt um und absolvieren nach Möglichkeit eine Praxisphase bei einem Industriepartner. Parallel erhalten sie eine anspruchsvolle Führungskräfte-Qualifizierung und ein Mentoring. Nach Abschluss des ‚Software Campus' treten die Teilnehmer dem Alumni-Netzwerk bei.

Neuer Recruiting-Kanal
Für uns sind die Teilnehmerinnen und Teilnehmer des ‚Software-Campus' ein absolut neuer und sehr gut funktionierender Recruiting-Kanal für Spitzenkräfte, High Potentials und Elite-Absolventen. Wir fördern und beteiligen uns auch an Start-ups, die von den Teilnehmern ins Leben gerufen werden. Damit verfügen wir über eine Plattform, um optimal mit Nachwuchskräften versorgt zu werden."

Simon Eisenried, Leiter Recruiting der MaibornWolff GmbH
„Unsere Mitarbeiter brennen für Inhalte und Forschung. Wir bieten ihnen Zeit und Budget, diese Themen mit Kollegen oder auch mit Studierenden unserer Partnerhochschulen in der Arbeitszeit zu erforschen. So arbeiten wir heute mit sechs Hochschulen zusammen und fördern aktiv die Zusammenarbeit in Projekten und Forschungsthemen im IT-Umfeld. Unsere Hochschulpaten haben meist an der jeweiligen Hochschule studiert und betreuen die Kooperation.

Manche werden sich fragen, ob diese hohe Investition auch gerechtfertigt ist. Durchaus, denn dadurch binden wir unsere Mitarbeiter an unser Unternehmen. Wir haben neben unseren Kunden, Partner-Unternehmen und Netzwerk-Kontakten eine weitere Ebene, um spannende Inhalte zu erarbeiten und Feedback zu Ideen einzuholen. Zudem bietet uns das Hochschul-Programm die Möglichkeit, unseren Nachwuchs direkt von der Hochschule zu rekrutieren – ganz ohne Headhunter.

Mitarbeiter in ihren Interessen fördern
Eine Kollegin wechselt aus unserem Fachbereich Mobile Engineering ins Human Solution Consulting. Ein interessierter Java-Entwickler kann in einem Forschungsprojekt seine Begeisterung für das Thema IoT ausleben. Was glauben Sie, wie glücklich die Kollegen sind, wenn ihren Wünschen eine Handlung folgt! Dies dürfte übrigens eines unserer Alleinstellungsmerkmale als Arbeitgeber sein – mit Sofortmaßnahmen auf die Bedürfnisse unserer Mitarbeiter zu reagieren.

Entscheidungen selbst treffen
Unsere Mitarbeiter treffen ihre Entscheidungen selbst, sie müssen keine allwissenden Vorgesetzten fragen. Ein Beispiel: Projektteams organisieren sich und ihre Arbeitszeiten selbst. Auch für Urlaube haben wir kein langwieriges Antragsverfahren. Hauptsache die Projektarbeit wird gemacht.

Viele werden sich vielleicht fragen, ob ein solches Modell der Mitarbeiterbestimmung funktionieren kann. Ich kann diese Frage nur bejahen, denn wir haben überaus positive Erfahrungen damit gemacht. Voraussetzung ist, dass ein Unternehmen unveränderbare Leitsätze entwickelt, an die sich alle halten und die einen Rahmen bilden, in dem jeder Mitarbeiter frei agieren kann. Wir räumen unseren IT-Spezialisten Entscheidungsautonomie ein, sie übernehmen Verantwortung für ihr Handeln.

Projektmarktplatz
Eine zentrale Frage in jedem Beratungsunternehmen lautet, welche neuen Projekte anstehen und mit welchen Mitarbeitern sie besetzt werden sollen. Um unsere Mitarbeiter von Anfang in den Entscheidungsprozess einzubeziehen, gibt es in unserem Intranet einen Projektmarktplatz. Da dabei auch schon die Sales-Pipeline berücksichtigt wird, weiß jeder Mitarbeiter frühzeitig, welche Projekte folgen können. Er kann seine Einsatzwünsche direkt im Projektmarktplatz platzieren. Möchte ein Projektleiter etwa einen bestimmten IT-Spezialisten im Team dabeihaben, wird diese Entscheidung nicht über seinen Kopf hinweg getroffen. Damit wir die aktuellen Wünsche der Mitarbeiter berücksichtigen können, gibt es bei uns alle sechs Wochen Feedback-Gespräche, in denen auch Projektziele und -wünsche geäußert werden."

▶ **Experten-Tipp** Es ist offenkundig, dass nicht jedes Unternehmen ein eigenes Institut gründen kann, um neue Recruiting-Kanäle – jenseits von Headhunting – zu erschließen. Doch sollten Ihnen die Beispiele der genannten IT-Anbieter neue Ideen und Impulse vermitteln, um im viel zitierten „War for Talents" erfolgreich zu sein. Die Gründung eines „Innovation Boards" zur Identifizierung und Auswahl wichtiger IT-Trends sei aber jedem IT-Unternehmen ans Herz gelegt – ganz unabhängig von der Größe. Dabei sollte jeder Mitarbeiter selbst entscheiden können, zu welchem Thema er wie viel Zeit investieren möchte. Sie können aber sicher sein, dass diejenigen Spezialisten, die sich freiwillig melden, auch hoch motiviert für die neuen Aufgaben sind.

▶ **Umsetzungsliste & Summary**

- Schaffen Sie die Möglichkeit, dass Ihre Mitarbeiter sich über das normale Maß hinaus engagieren und dieses Engagement auch belohnt wird – nicht nur finanziell.
- Investieren Sie konsequent in die Weiterentwicklung Ihrer Mitarbeiter, dies lohnt sich auch für Ihr Unternehmen.
- Unterstützen Sie Ihre Top-Spezialisten, damit sie weiterhin optimal performen, und Ihre „schwächeren" Mitarbeiter, damit sie sich weiterentwickeln.

7.4 Machen Sie deutlich, wofür Ihr Unternehmen steht: Sie brauchen ein klares Profil!

Erfolgreiche Unternehmen wissen um die Unterscheidungskraft ihrer Identität, Wurzeln, Werte und Führungskultur. IT-Experten, die für diese Unternehmen arbeiten, denken nicht an Shareholder Value, sondern an die Ziele, die sie gemeinsam mit ihrem Arbeitgeber erreichen möchten. Daher sollten Sie sich die entscheidende Frage stellen, welche Art von Organisation Sie repräsentieren und für welche Werte Sie stehen möchten. Dazu gehören die folgenden Punkte.

Klare Unternehmensleitlinien

Jedes Unternehmen gibt heute vor, eine klare Mission und Vision zu haben – in dieser Hinsicht haben die Marketing-Agenturen zweifelsohne ganze Arbeit geleistet. Viel ist von Kundenorientierung, Qualität und Fairness zu hören. Und jedes IT-Unternehmen scheint es irgendwie zu schaffen, Marktführer in seinem

Segment zu werden – ganz unabhängig davon, wie stark und bedeutend es tatsächlich ist.

Demgegenüber steht, dass nur jeder zweite Beschäftigte in Deutschland weiß, für welche Werte sein Unternehmen überhaupt steht. Zu diesem Ergebnis kommt die Hamburger Unternehmensberatung Rochus Mummert in ihrer Studie „Leadership im Topmanagement deutscher Unternehmen", für die Mitarbeiter und Führungskräfte großer und mittelständischer Firmen befragt wurden (Rochus Mummert 2012). Ausnahmslos alle befragten Manager sagten, ihr Betrieb habe Leitbilder definiert, die den Beschäftigten bekannt seien. In krassem Gegensatz dazu steht, dass jeweils nur die Hälfte der leitenden Angestellten und Mitarbeiter dem scheinbar gemeinsamen Leitbild zustimmt. „Deutschlands Manager haben offenbar nicht verstanden, dass Werte nicht nur hübsche Floskeln sein sollten, die irgendwo auf der Homepage nachzulesen sind", kommentiert Dr. Hans Schlipat, Managing Partner der Rochus-Mummert-Gruppe, das Ergebnis. Der Sinn gemeinsamer Grundsätze sei vielmehr, dass alle auf ein gemeinsames Ziel hinarbeiten.

Könnten Führungskräfte ihre Mitarbeiter für Werte begeistern und mit gutem Beispiel vorangehen, liege der Erfolg auf der Hand. So würden die meisten Beschäftigten in Unternehmen mit weit überdurchschnittlichem Wachstum sagen, dass Werte vereinbart wurden, die auch intern bekannt seien. Darüber hinaus trägt eine Wertekultur auch zu mehr Zufriedenheit bei: Wie die Studie von Rochus Mummert weiter zeigt, kennen zufriedene Mitarbeiter mehrheitlich die Leitbilder, für die ihr Unternehmen steht. Wichtige interne Werte sind Wertschätzung, Vertrauen und Offenheit für Ideen. Qualität, Kundenorientierung und Innovationsgeist richten sich eher an die Kunden.

Werte und Werteorientierung sind Top-Themen, mit denen sich Unternehmen derzeit auseinandersetzen, denn diese sollen wie Leuchttürme wirken und den Mitarbeitern Orientierung bieten. Damit dieses Ziel erreicht werden kann, ist es mit der Formulierung von Werten nicht getan – sie müssen auch kommuniziert und (vor-)gelebt werden. Haben Sie etwa „Fairness und Bescheidenheit" als Unternehmensleitwerte definiert, sollten die Führungskräfte mit gutem Beispiel vorangehen. Es kann daher nicht angehen, dass die Chefs in der First Class zur Businessveranstaltung fliegen, während die Mitarbeiter einen Tag später in der „Holzklasse" anreisen.

Transparente Informationspolitik
Wird das Innenverhältnis in Unternehmen von Geheimniskrämerei bestimmt, wächst die Gefahr des „Flurfunks". Stattdessen sollten Sie eine Unternehmenskultur etablieren, die von Offenheit und Vertrauen geprägt ist. Dazu gehört, dass

Ihre Führungskräfte direkt und klar kommunizieren, zum Beispiel im Rahmen monatlicher Statusberichte. Dabei werden die Mitarbeiter über die aktuellen Unternehmenszahlen und Absatzprognosen informiert und erhalten einen Überblick über den Stand der laufenden Projekte. Wichtig ist, dass dabei auch Dinge besprochen werden, die nicht so optimal laufen, ansonsten verlieren Sie schnell Ihre Glaubwürdigkeit.

Kultur: Das Herz Ihres Unternehmens
Als „Herz einer Firma" macht die Unternehmenskultur den Unterschied – nicht nur für das Wohlbefinden, sondern auch für die harten betriebswirtschaftlichen Zahlen. Dies gilt sowohl intern als auch nach außen: Welches Ansehen ein Unternehmen im Markt genießt, wird nicht allein von seinen Produkten bestimmt, sondern auch von der Art, wie es mit seinen Kunden umgeht. Das Gleiche gilt, ob ein Unternehmen innovativ ist oder ideenlos, ob pragmatisch oder bürokratisch, ob die Mitarbeiter Risikobereitschaft zeigen oder das Vermeiden von Fehlern höchste Priorität genießt, ob alle an einem Strang ziehen oder ob sich in einem „hoch politischen" Umfeld jeder gegen jeden absichert.

Doch nicht nur Kunden und Lieferanten bekommen die Unternehmenskultur auf vielfältige Weise zu spüren, sondern auch die Mitarbeiter. Für sie macht sich die Unternehmenskultur an folgenden Fragen fest:

- Arbeiten alle auf ein gemeinsames Ziel hin, tut jeder das Notwendige, unterstützen sich die Kolleginnen und Kollegen gegenseitig nach Kräften?
- Reicht der Platz in der Ablage nicht aus, weil sämtliche Mitarbeiter und Führungskräfte den kleinsten Vorgang akribisch archivieren, damit ihnen nicht irgendwer irgendwann vorwerfen kann, sie hätten einen schweren Fehler oder ein unverzeihliches Versäumnis begangen?
- Wird hierarchie- und funktionsübergreifend heftig, aber sachbezogen um die beste Lösung gestritten und die getroffene Entscheidung hinterher mit vereinten Kräften in die Tat umgesetzt?
- Trauen sich die Gruppenleiter nicht, Kritik an der Arbeit der IT-Spezialisten auszusprechen, weil sie Angst haben, dass diese sich sofort beim Betriebsrat beschweren? Fürchten sie, bei der folgenden Auseinandersetzung von ihren Chefs im Stich gelassen zu werden?
- Widersprechen die mittleren Führungskräfte selbst dann nicht den Entscheidungen des Top-Managements, wenn diese offenkundig fehlerhaft sind und zu gravierenden Problemen führen werden?

- Beklagt das Top-Management regelmäßig die Absicherungsmentalität im Hause und fordert mehr Risikobereitschaft, reagiert aber äußerst heftig auf „völlig unnötige" Fehler?
- Finden zwischen Ressorts und Abteilungen lang anhaltende Stellungskriege statt, bei denen jede Seite versucht, zulasten der „Bremser und Blockierer" auf der anderen Seite vollendete Tatsachen zu schaffen?
- Weiß jeder Mitarbeiter, was sein Vorgesetzter, seine Kollegen und internen Kunden von ihm erwarten? Hat er ein klares Bild davon, wo er in Bezug auf diese Erwartungen steht?
- Ist eine spontane Hilfsbereitschaft über Ressort- und Abteilungsgrenzen hinweg die Regel und nicht die Ausnahme?
- Wird bei Problemen nicht nach einer Lösung gesucht, sondern nach dem Schuldigen?

Die Praxis zeigt: Unternehmenskultur hat nicht nur atmosphärische, sondern auch betriebswirtschaftliche Folgen. Denn die Kunden werden, wo immer sie eine Wahl haben, Anbieter bevorzugen, die professionell, freundlich und kooperativ sind. Das Gleiche gilt für Lieferanten – besonders für solche, die wegen ihrer starken Marktposition nicht auf jeden Auftrag angewiesen sind. Erstklassige Mitarbeiter werden sich, wenn sie genügend Einblick haben, von vornherein für eine konstruktive, mutige und leistungsorientierte Kultur entscheiden. Andernfalls wandern sie früher oder später ab und suchen sich ein Umfeld, in dem sie ihre Talente besser entfalten können, als sich in internen Machtkämpfen und Ränkespielen zu verzehren. Und schließlich wird sich der „Output" einer kooperativleistungsorientierten Kultur sowohl quantitativ als auch qualitativ deutlich von einer Firma unterscheiden, in der Absicherung und Risikovermeidung das oberste Gebot sind. Eine gute Unternehmenskultur ist also ein eindeutiger Wettbewerbsvorteil, und zwar einer, der „verteidigungsfähig" ist, weil Ihre Wettbewerber ihn nicht ohne Weiteres kopieren können.

Gelangen Sie bei einigen der oben genannten Fragen zu einem schlechten Ergebnis, sollten Sie schleunigst beginnen, an der Verbesserung Ihrer Unternehmenskultur zu arbeiten.

Think global – act local
Wie wichtig diese Maxime für den Geschäftserfolg gerade in der IT-Branche ist, zeigt das aktuelle Beispiel eines internationalen Beratungshauses, das durch die konsequente Missachtung der lokalen Kultur fast in den Ruin getrieben wurde. Als das prosperierende Unternehmen vor einiger Zeit einen neuen internationalen CEO erhielt, zwang dieser den Vorstand der deutschen Landesgesellschaft, die

Prämien und Boni für die Mitarbeiter zu kürzen. Er tat dies offenbar in „guter alter" Controlling-Manier. Als sich das deutsche Management dagegen wehrte, weil dies nicht den Werten der Landesgesellschaft entsprach, wurden die Manager der Reihe nach entlassen. Sie können sich vorstellen, welche Entrüstung dieser Vorfall hervorrief: Es folgte eine fulminante Kündigungswelle!

Zunächst ignorierte der neue CEO die massenhaften Kündigungen. Als dann noch eine andere Niederlassung im Ausland, sprich: das Tafelsilber, verkauft wurde, kippte die Stimmung konzernweit um. Nur wenige Monate später hatte das Unternehmen ein Drittel seiner Belegschaft an verschiedene Wettbewerber verloren. In Gesprächen sagten die Mitarbeiter, dass das Vorgehen der Zentrale in Übersee vehement gegen die Unternehmenskulturen an den lokalen Standorten verstoßen habe. Besser wäre es gewesen, der Mutterkonzern hätte sich mit den lokalen Managern abgestimmt und eine gemeinsame Kommunikations- und Handlungsstrategie entwickelt, um die geplanten finanziellen Einschnitte abzufedern und den Mitarbeitern verständlicher zu machen.

Die Unternehmenskultur nachhaltig etablieren
Allerdings reicht es nicht aus, die Unternehmenskultur einmalig zu formulieren und dann danach zu leben. Kultur ist kein starrer Zustand, der unabänderlich ist, sobald er sich einmal gebildet und verfestigt hat. Jede Kultur ist – zumindest im Prinzip – ständig in Bewegung, denn jedes Unternehmen macht immer wieder neue Erfahrungen, die Lernprozesse auslösen und in neue (oder alte) Schlussfolgerungen münden können. Kommt man bei der Bewertung der neuesten Erfahrungen zu der Erkenntnis, dass ein anderes Vorgehen notwendig ist, ändern sich auch bald die entsprechenden Gewohnheiten.

Führungskräfte prägen die Unternehmenskultur. Sie geben die Art der Kommunikation und die Rahmenbedingungen des Arbeitens vor. Sie entwickeln Unternehmen strategisch weiter und geben Werte und Ziele vor. Von oben verordnet werden kann Unternehmenskultur dennoch nicht. Denn Leitlinien und Werte, die von den Führungskräften nur propagiert, aber nicht selbst gelebt werden, bleiben ohne nachhaltige Wirkung. Direkt steuerbar ist Unternehmenskultur nur in dem, was nach außen gezeigt wird: in Ritualen, formulierten Unternehmensleitbildern und im Corporate Design.

> **In fünf Schritten die Unternehmenskultur gestalten** Obwohl die Vorteile einer guten Unternehmenskultur offenbar sind, wird ihre Förderung in der Praxis oft recht stiefmütterlich behandelt. So stoße ich im Trainer- und Berateralltag immer wieder auf IT-Arbeitgeber, in denen eher eine Misstrauenskultur, dauerhafte Führungskrisen oder

eine regelrechte „Nicht geschimpft ist gelobt genug"-Kultur die berufliche Realität bestimmen.

Unternehmenskultur kann als die „Atmosphäre" der gemeinsam geteilten Werte, Annahmen und Überzeugungen beschrieben werden. Diese Atmosphäre schließt Erwartungen, kollektive Erinnerungen, Gefühle und Definitionen ein. Sie hat verschiedene Ebenen und ist scheinbar nur schwer zu beeinflussen. Kurz gesagt: Unternehmenskultur ist die DNA, nach deren Bauplan eine etablierte Gruppe von Menschen effizient zusammenarbeitet.

Bei der Gestaltung ihrer Unternehmenskultur sollten Unternehmen fünf Schritte gehen:

1. **Erkennen:** Wie „tickt" die Firma heute?
2. **Erzielen:** Was ist das gemeinsame Verständnis der künftig gewollten Kultur?
3. **Ermitteln:** Was bedeuten diese Veränderungen und was nicht?
4. **Energetisieren:** Warum soll der Weg gegangen werden?
5. **Exekutieren:** Was muss auf strategischer und operativer Ebene dafür getan werden?

Fazit: Wollen Unternehmen nachhaltig erfolgreich sein, müssen sie die Firmenkultur und deren Gestaltung als wesentliche Führungsaufgabe begreifen. Eine weitere wichtige Voraussetzung für die Mitarbeitermotivation und -Produktivität ist das aktive Management der Organisationskultur. Nur auf diese Weise ist es IT-Arbeitgebern möglich, alle Elemente und Ebenen der Unternehmenskultur erfolgreich zu wahren, zu stärken und zu gestalten.

7.5 Unterstützen Sie Ihre Mitarbeiter bei der Selbstverwirklichung!

Mitarbeiter, die ihr Tun als sinnvoll erleben, sind motivierter. Daher sollte jeder Arbeitgeber klar kommunizieren, welche Rolle eine individuelle Arbeitsleistung für die Erreichung der Unternehmensziele spielt.

Vermitteln Sie Ihren Mitarbeitern ein stärkeres Gefühl der Sinnhaftigkeit
Umfragen zeigen, dass die große Mehrzahl der Mitarbeiter sich nicht wirklich für ihre Arbeit engagiert. Ein Hauptgrund liegt darin, dass es den Unternehmen nicht

gelingt, den Beschäftigten ein Gefühl für den übergeordneten Sinn ihrer Tätigkeit zu vermitteln. Nur allzu oft scheint das Unternehmen Selbstzweck zu sein. Das heißt, es wurde nie ein plausibler Zusammenhang zwischen den täglichen Aufgaben der Mitarbeiter und der Frage hergestellt, wie diese Aktivitäten dem Kunden und vielleicht auch dem Gemeinwohl dienen. „Mitarbeiter – vor allem Wissensarbeiter – lassen sich durch die gleichen Faktoren motivieren wie ehrenamtlich tätige Menschen", zitiert der „Harvard Business Manager" den Managementdenker Peter F. Drucker in einem Beitrag (2014). Laut Drucker müssten die Beschäftigten „über die Mission ihrer Organisation Bescheid wissen und daran glauben". Das Gehalt – selbst wenn es noch so opulent ist – reiche nicht aus. Unternehmen könnten nicht erwarten, ihre Wissensarbeiter zu inspirieren, „indem sie ihre Geldgier befriedigen", warnt Peter F. Drucker. „Sie müssen ihren Wertvorstellungen entsprechen."

Wie schaffen Sie es als IT-Unternehmen, Ihren Mitarbeitern einen übergeordneten Sinn ihrer täglichen Aufgaben zu vermitteln? Wichtig ist unter anderem, dass Sie mit jedem einzelnen Mitarbeiter ein persönliches Gespräch führen, in dem Sie Ihre Unternehmensziele nennen und erläutern, welchen Beitrag er dazu leistet. Es genügt nicht, über Umsatz, Gewinn und Marktanteil zu informieren.

Wozu berufliche Selbstverwirklichung?
Berufliche Selbstverwirklichung ist die weitgehende Realisierung beruflicher Ziele, alternativ das „Ausfüllen" einer beruflichen Nische, die zumindest einen idealen Kompromiss aus Wunschdenken und gesellschaftlich möglichen Optionen darstellt. Obwohl der Begriff Selbstverwirklichung heute fast schon inflationär verwendet wird, gibt es drei gute Gründe, warum man – ob beruflich oder privat – danach streben sollte und als Arbeitgeber diese Bestrebungen unterstützen sollte.

- **Menschen werden glücklicher.** Wer sein eigenes Leben und die eigenen Entscheidungen nur nach den Erwartungen und Vorgaben anderer richtet, entfremdet sich zwangsläufig von sich selbst. Denn er stellt seine Persönlichkeit immer hintenan und wird den eigenen Bedürfnissen nicht gerecht. In besonders schlimmen Fällen kann dies sogar ernsthafte psychische Folgen haben.
- **Menschen erreichen ihre Ziele.** Zwar lassen sich auch ohne Selbstverwirklichung Ziele erreichen, es bleibt jedoch die Frage: Sind das tatsächlich die eigenen oder setzt sich ein Mensch ein Ziel, weil andere es von ihm erwarten? Nicht selten entscheidet sich jemand für einen Studiengang oder eine bestimmte Ausbildung, weil sein Umfeld dies für eine gute Idee hält. Das gesteckte Ziel mag dann vielleicht erreicht werden, aber man selbst wünscht sich möglicherweise etwas vollkommen anderes.

- **Menschen lernen sich selbst kennen.** Je mehr sich ein Mensch mit seinen eigenen Vorstellungen beschäftigt, desto mehr lernt er über sich selbst. Welche Ziele hat er? Was kann er gut? Was beschäftigt ihn? Wovor hat er Angst? All diese Fragen und noch viele mehr wird sich ein Mensch automatisch stellen müssen, wenn er beginnt, an seiner Selbstverwirklichung zu arbeiten.

Theoretischer Exkurs
In den vergangenen Jahren werde ich verstärkt vor allem von jungen Kandidatinnen und Kandidaten gefragt, ob sie die richtige Berufswahl getroffen hätten oder nicht doch noch etwas anderes machen sollten. „Diesen Job möchte ich wirklich nicht bis zur Rente machen!" lautet die oft gehörte Klage. Dabei fand ich heraus, dass sich gerade diejenigen IT-Spezialisten diese Frage stellen, die sich über den Sinn ihrer Berufstätigkeit nicht im Klaren sind und ihre Berufswahl nicht unbedingt danach ausgerichtet haben, was sie gerne machen würden.

Die Maslowsche Bedürfnispyramide
Wie schwierig individuelle Bestrebungen zur Selbstverwirklichung umzusetzen sind, verdeutlicht die Maslow'sche Bedürfnispyramide (Abb. 7.1). Der US-amerikanische Psychologe Abraham Maslow hat damit eine sozialpsychologische Theorie entwickelt, die die menschlichen Bedürfnisse und Motivationen in einer hierarchischen Struktur zu erklären versucht. Dabei bauen die einzelnen Stufen der Pyramide so aufeinander auf, dass erst den Bedürfnissen einer unteren Stufe Rechnung getragen werden muss, bevor die Bedürfnisse der nächsten Stufe in Kraft treten können.

Die drei unteren Stufen – Grundversorgung, Sicherheit und soziale Bedürfnisse – bilden die sogenannten Defizitbedürfnisse. Erst wenn diese befriedigt sind, wird laut Maslow Zufriedenheit empfunden. Die beiden oberen Stufen werden unter dem Begriff Wachstumsbedürfnisse zusammengefasst. Dazu zählen Individualbedürfnisse, wie Erfolg und Anerkennung, und als letzte Stufe die Selbstverwirklichung. Diese wird erst dann relevant, wenn alle anderen Bedürfnisse befriedigt werden konnten.

Unter Selbstverwirklichung versteht Maslow das Erkennen und Ausschöpfen des eigenen Potenzials. Gleichzeitig geht er aber davon aus, dass die Wachstumsbedürfnisse – also gerade auch die Selbstverwirklichung – niemals komplett befriedigt werden können. Ohnehin würden nur etwa zwei Prozent der Weltbevölkerung die obersten Stufen auf der Bedürfnispyramide erreichen.

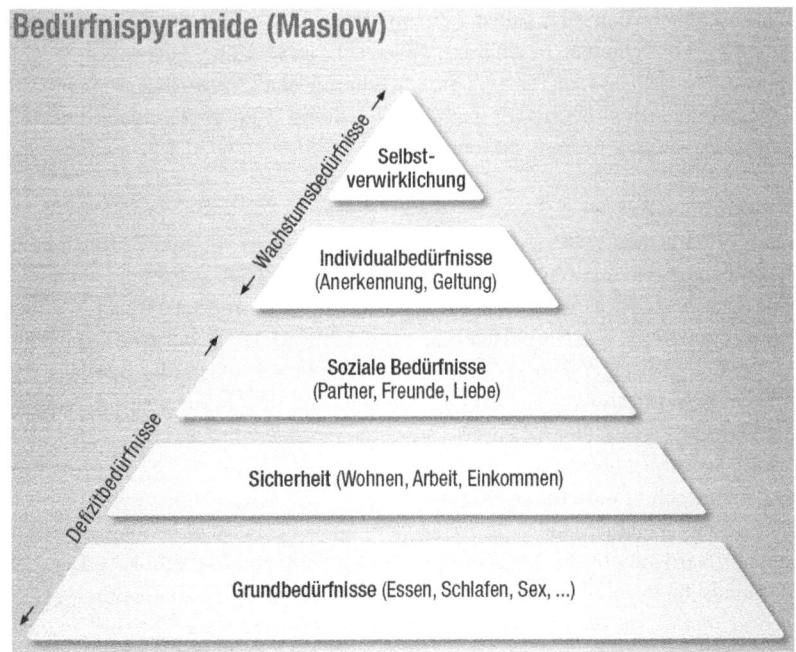

Abb. 7.1 Die Maslow'sche Bedürfnispyramide beschreibt menschliche Bedürfnisse und Motivationen in einer hierarchischen Struktur. (Quelle: Abraham Maslow)

Der goldene Kreis von Simon Sinek
Zur Annäherung an das Ziel der Selbstverwirklichung bietet sich der goldene Kreis des amerikanischen Autors Simon Sinek an (Abb. 7.2). Sinek behauptet, dass alle inspirierenden Führungspersönlichkeiten und Organisationen auf dieser Welt in der gleichen Weise denken, handeln und kommunizieren – ob es sich dabei um Apple, Martin Luther King oder die Brüder Wright handelt. Worauf der Erfolg der Einzelnen beruht, verdeutlicht Sinek am Modell dreier Kreise. Der äußerste Kreis wird mit der Frage „Was?" („What?") bezeichnet. In ihm liegt ein kleinerer Kreis, der mit der Frage „Wie?" („How?") gekennzeichnet ist. Wiederum in diesem Kreis liegt der Kern: ein Kreis mit der Bezeichnung „Warum?" („Why?").

Allen inspirierenden Menschen und Organisationen ist gemeinsam, dass sie den inneren Kreis berühren und sich mit Fragen nach dem „Warum" beschäftigen. Dies mag das folgende Beispiel aus der IT-Branche verdeutlichen. So habe

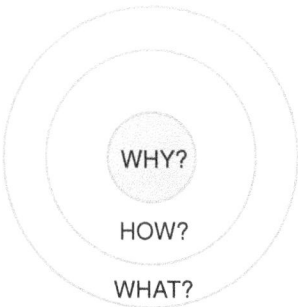

Abb. 7.2 Der goldene Kreis von Simon Sinek. (Quelle: Simon Sinek)

ich oft erlebt, dass IT-Spezialisten, die gefragt werden, was ihr Unternehmen tut, darauf Antworten geben, wie: „Wir stellen Computer her!" Das ist der äußere Kreis, das „Was?" Fragt man nun weiter nach dem „Wie?", können viele Mitarbeiter auch erklären, auf welche Weise ihr Unternehmen Computer herstellt und wie es darin sich vom Wettbewerb unterscheidet: „Wissen Sie, wir verwenden einen schnelleren Prozessor als alle anderen. Das macht uns überlegen. Zudem ist unser Service besser als der unserer Konkurrenten." Frage ich dann aber nach dem Kern, also: „Warum gibt es Ihr Unternehmen?" Dann ernte ich meist – Schweigen.

Warum gibt es Unternehmen?
Nur sehr wenige Menschen wissen, warum sie tun, was sie tun. Das Gleiche gilt für Unternehmen. Mit „Warum?" ist nicht gemeint: „Der Sinn und Zweck unseres Unternehmens ist es, Profit zu machen." Profit machen, Geld verdienen: Dies ist das Ergebnis, aber nicht der Zweck eines Unternehmens. Das „Warum?" beantwortet den Geschäftszweck: Was ist das Anliegen des Unternehmens? Warum gibt es das Unternehmen? Warum sollte sich jemand für dieses Unternehmen interessieren – als Mitarbeiter, Lieferant oder Kunde?

Wer eine Unternehmensvision sucht, muss mit dem „Warum?" beginnen. Die Antwort muss etwas beinhalten, was über das Unternehmen und den Unternehmer hinausgeht. Das „Warum?" beantwortet die Frage, wem das Unternehmen nützt. Also: Will ein Unternehmer mit seiner Tätigkeit etwas Positives für die Gesellschaft oder zumindest für einen bestimmten Kundenkreis schaffen?

Erfolgreiche Unternehmer wie Richard Branson (Virgin Group), Steve Jobs (Apple) oder Götz Werner (dm-drogerie markt) leben oder lebten für richtige Visionen. Dabei geht es nicht vorrangig ums Geldverdienen. Diese Unternehmer verfolgen andere, über sie selbst als Person hinausgehende Ziele. Häufig sind es

Visionen, die einen Mehrwert in sozialer oder ökologischer Form für die Gesellschaft bieten.

Denken Sie an einen Unternehmer, der sich mit Haut und Haaren der Vision verpflichtet fühlt, einen Impfstoff gegen Aids zu entwickeln. Dieser Unternehmer wird sicher Mitarbeiter für sich gewinnen können, die ihn dabei von ganzem Herzen unterstützen. Denn verschreibt sich ein Unternehmer einer bedeutenden, weltverbessernden Sache, dann begeistert er auch andere Menschen. Empfinden die anderen, dass seine Vision wichtig und nützlich ist, werden sie ihn unterstützen wollen – ob als Mitarbeiter, Kunde oder Lieferant.

Das „Warum" und damit die Motivation eines Unternehmers ist deshalb ein wichtiger Faktor für den Erfolg seines Unternehmens. Wenn seine Hauptmotivation lautet, Geld mit seiner Firma zu verdienen, wird er es schwer haben. Ihm wird es immer wieder ums Geld gehen. Vielleicht wird er seine Mitarbeiter vernünftig behandeln, vielleicht wird er sich auch um die Kundenbedürfnisse kümmern und sich, wenn es gut läuft, sozial engagieren. Aber wenn Probleme auftreten, ist der Fokus klar: „Ich will Geld verdienen." Diesem Zweck wird alles andere untergeordnet.

Hat ein Unternehmer hingegen eine wirkliche Vision und verfolgt er die Umsetzung eines Traumes mit seinem Unternehmen, dann ist die Wahrscheinlichkeit hoch, dass er nachhaltig wirtschaftet. Denn er verfolgt ein langfristiges Ziel, das über ihn und seine Ego-Befriedigung hinausgeht. Seine Einstellung ist schließlich: „Ich will mit meiner Tätigkeit und meinem Unternehmen etwas Positives für die Welt bewegen. Ich will den Kunden nützen."

Wie erklären Sie den Sinn Ihrer IT-Firma?
Um Ihren Mitarbeitern den Sinn ihrer Tätigkeit näherzubringen, sollten Sie an den Anfang zurückgehen: Warum haben Sie Ihr Unternehmen gegründet oder ein bereits existierendes übernommen? In einem zweiten Schritt sollten Sie klären, ob diese Motivation auch noch für heute gilt oder sie sich überlebt hat. Wahrscheinlich haben Sie zwischenzeitlich Ziele umgesetzt und erreicht. Sie und Ihr Unternehmen haben sich weiterentwickelt. Ihre damalige Vision ist Ihnen heute vielleicht nicht mehr so wichtig. Oder die Rahmenbedingungen haben sich verändert.

Es ist nicht tragisch, wenn sich das damalige „Warum" oder Ihre damalige Vision überlebt hat. Entscheidend ist, dass Sie sich damit beschäftigen, was Ihr heutiges „Warum" ist. Zunächst sollte es dabei um eigenes „Warum" gehen. Erst wenn Sie diese Frage geklärt haben, sollten Sie sich überlegen, ob dieses Motiv auch zu Ihrem Unternehmen passt. Wenn ja: prima. Wenn nein: Wie bekommen Sie Ihr persönliches „Warum?" in Einklang mit dem Ihres Unternehmens?

> **Rosemarie Clarner, Human Resources Officer, Geschäftsführung der Scheer GmbH**
> „Um unseren Mitarbeitern möglichst sinnerfüllende Tätigkeiten anbieten zu können, erhalten sie wechselnde Aufgabengebiete, damit sich keine demotivierende Arbeitsroutine einstellt. Dazu gehört eine konsequente Weiterbildung der IT-Spezialisten. Kaum ein Mitarbeiter, der länger bei uns beschäftigt ist, macht noch das Gleiche wie vor fünf Jahren. Diese permanente Weiterentwicklung entspricht zugleich der Dynamik der Märkte und auch unserer Unternehmensphilosophie. Darüber hinaus ist es uns wichtig, dass sich unsere Berater und Entwickler ganz auf ihre Kernkompetenzen konzentrieren können und sich möglichst nicht mit administrativen oder vertrieblichen Aufgaben beschäftigen müssen."

7.6 Weg mit Bürokratie und Hierarchien!

Die Praxis zeigt, dass Unternehmen durch eine drastische Vereinfachung der internen Regeln die idealen Rahmenbedingungen für eine kreative und freiheitliche Arbeitsatmosphäre schaffen. Dieses Kapitel geht der Frage nach, wie eine solche Vereinfachung am besten zu erreichen ist.

Merzen Sie alles aus, was nicht mehr zeitgemäß ist!
Fast jeder Manager möchte gerne Innovationen in seinem Unternehmen sehen. Doch die Arbeit am Drucker Institute zeigte, dass es den meisten Führungskräften widerstrebt, den notwendigen ersten Schritt in diese Richtung zu gehen: nämlich alle Produkte, Dienstleistungen, Programme und Vorgehensweisen, die eigentlich nichts mehr bringen, kontinuierlich abzubauen. „Jedes Unternehmen wird lernen müssen, [permanent] innovativ zu sein", schreibt der Managementdenker Peter F. Drucker dazu. „Irgendwann muss man sich natürlich auch wieder von einer obsolet gewordenen Innovation trennen, und dann beginnt der ganze Prozess von vorn. Wenn man das nicht tut, wird die wissensbasierte Organisation sehr bald veralten, ihre Leistungsfähigkeit einbüßen und dann auch nicht mehr die qualifizierten, sachkundigen Mitarbeiter anziehen und halten können, von denen ihre Performance abhängt" (Harvard Business Manager 2014).

Bürokratie-Abbau selbst gemacht
Über Bürokratie schimpft jeder. Allerdings ist der ausufernde Verwaltungs- und Papierkram keine Naturkatastrophe, sondern häufig selbst gemacht – etwa durch komplizierte Urlaubsanträge, Reisekostenabrechnungen oder Beschaffungsformulare. Machen wir uns nichts vor: Der von den Politikern immer wieder versprochene Bürokratieabbau wird nie kommen, die Zahl der Gesetze und Regeln wird eher noch zunehmen. Umso wichtiger ist es, dass Unternehmer ihre Prozesse so effizient und flexibel gestalten, dass ihnen das nichts ausmacht.

Jedes Unternehmen ist anders und doch finden sich überall die mehr oder weniger gleichen Probleme und Ansatzpunkte. Hier einige Tipps, wie Sie Ihr Unternehmen „bürokratieresistent" machen.

Digitalisieren Sie!
Sicher fallen Ihnen in Ihrem Unternehmen Prozesse ein, die nicht digitalisiert sind, obwohl sie digital besser gelöst werden könnten. Manche Betriebe führen zum Beispiel ihre Urlaubslisten in Excel, was schon einmal ein Schritt in die richtige Richtung ist. Unsinnig wird es allerdings, wenn diese Listen ausgedruckt und in Hängeregistern archiviert werden. Ähnliches ist zu beobachten, wenn es um Aufgaben geht, die in einem Betrieb durch mehrere Hände laufen: etwa um die Anforderung eines neuen Schreibtischs oder einen Urlaubsantrag. Wer was wann zu sehen bekommt und abzeichnen muss, hat sich oft über Jahre hinweg eingeschliffen – es funktioniert, aber effizient ist es nicht. Wenn man die Prozesse mit einem Workflow-Designer neu anlegt, fällt einem oft erst auf, wie überflüssig manche der Arbeitsschritte waren. Diese Softwarefunktion ist relativ einfach, hilft aber, schlanke Prozesse zu definieren und einzuführen. Das Abzeichnen eines Urlaubsantrags ist dann nur noch ein Mausklick und erfordert keinen Laufzettel aus Papier.

Schaffen Sie das Papier ab!
Wenn die Digitalisierung konsequent betrieben wird, macht sich Papier automatisch überflüssig. Denkt man. Doch das papierlose Büro, das immer wieder beschworen wird, hat sich immer noch nicht durchgesetzt. Trotzdem ist Optimismus angebracht, dass das in den kommenden Jahren in zunehmendem Tempo geschehen wird. Vielleicht nicht für sensible Dokumente, Verträge und Ähnliches. Aber für Urlaubslisten und Bestellprozesse gibt es einfach zu bedienende Software, die das Erfassen, Archivieren und Teilen von Daten erleichtert – ganz ohne Papier, sicher gespeichert in der Cloud.

Ein Beispiel ist die digitale Personalakte, die unter anderem auch Zeugnisse erfasst. Oder die digitale Rechnung: Viele Unternehmen verschicken ihre Rechnungen nach wie vor per Post, obwohl die elektronische Rechnung laut einer

Studie von Deutsche Bank Research im Schnitt 11,60 EUR spart. Viele Unternehmen verschicken pro Monat Hunderte, manche sogar über zehntausend Rechnungen per Post – und verpulvern damit eine Menge Geld.

Schaffen Sie E-Mails ab!
Sie bekommen täglich Hunderte E-Mails und können unmöglich darauf verzichten? Sie haben sicher recht, was die Kommunikation mit anderen Unternehmen betrifft – hier wird die elektronische Post bestimmt noch viele Jahre erhalten bleiben. Doch stammt die Mehrzahl der E-Mails, die Tag für Tag das Postfach füllen, von Kollegen oder Partnern, mit denen man einfach nur ein paar Worte wechseln möchte. Der Austausch, wie er früher an der Kaffeemaschine stattfand, läuft heute über E-Mail – das macht die Kommunikation aufwendiger, bei gleichzeitig geringerem Nutzen. Daher sollte jedes Unternehmen so etwas wie eine virtuelle Kaffeemaschine einführen. Dafür empfehlen sich schlanke Kollaborationsplattformen, ähnlich wie Facebook oder WhatsApp, über die sich Teams schnell und direkt austauschen können. Dort kann man abteilungs- oder themenspezifische Gruppen anlegen und sich darüber zielgerichtet austauschen.

Machen Sie mobil!
Arbeitnehmer wünschen sich mehr Mobilität im Arbeitsalltag. So wollen Außendienstmitarbeiter unterwegs mit ihrem Smartphone oder Tablet vollständigen Zugriff auf ihren Schreibtisch haben. Viele Arbeitnehmer sehen das Mobile Computing – das zeit- und ortsunabhängige Arbeiten – als Bereicherung an, außerdem erhöht es die Arbeitseffizienz. Arbeitgeber sollten also die Voraussetzungen dafür schaffen: mit Daten und Prozessen, die durchgängig digitalisiert und über die Cloud im Internet erreichbar sind. Für immer mehr Erfordernisse im Arbeitsalltag gibt es heute einfach zu bedienende mobile Apps, etwa für Reisekostenabrechnungen oder Urlaubsanträge.

Bekämpfen Sie das Silodenken!
„Meine Abteilung, mein Projekt, mein Herrschaftswissen": Viele Mitarbeiter denken auf diese Weise, weil sie es so gewohnt sind und weil die Unternehmensstrukturen ein solches Denken auch fördern. Zum Glück helfen die oben genannten Maßnahmen, wie die Digitalisierung und Neuordnung von Prozessen, dieses Denken abzuschaffen. Denn Software kennt keine Abteilungs- und Wissensgrenzen, sondern schafft neue Strukturen, die an den tatsächlichen betrieblichen Erfordernissen ausgerichtet sind. Ein Beispiel: In einem Unternehmen mit gewerblichen Kunden, das einen Online-Shop betreibt, müssen IT-Abteilung,

Buchhaltung, Warenwirtschaft und Produktion zwangsläufig zusammenarbeiten, denn sie arbeiten mit denselben Daten.

Schaffen Sie moderne Arbeitswelten als Voraussetzung für Talente
Junge Mitarbeiter – und gerade die talentiertesten – achten bei der Auswahl des Arbeitgebers nicht nur auf eine gute Reputation, Karrieremöglichkeiten und Work-Life-Balance. Durch die zunehmende Verschmelzung von Privat- und Berufsleben kommt der Unternehmenskultur, auch geprägt durch die Abläufe im Unternehmen und die dabei verwendeten Medien, eine wachsende Bedeutung zu. Nicht allein das gebotene Gehalt ist entscheidend, sondern das Gesamtpaket, vor allem die Art und der Ort der Arbeit. Unternehmen, die hier nicht modern aufgestellt sind, werden im Kampf um die Talente am Markt nicht gewinnen können.

„Das ist doch alles zu teuer und zu aufwändig", lautet der Einwand, den ich vor allem von kleinen und mittelständischen Unternehmen immer wieder höre. Zweifelsohne erfordern die genannten Maßnahmen gewisse Investitionen in Zeit und Geld. Erfahrungsgemäß machen sich die Maßnahmen zur Straffung von Abläufen und zur Digitalisierung jedoch schon nach wenigen Monaten bezahlt. So erlebe ich immer wieder, dass IT-Spezialisten ihren Job wechseln wollen, weil ihnen der administrative Aufwand bei ihrem Arbeitgeber zu hoch ist und zu viel Bürokratie herrscht. Ein Senior Sales Manager bei einem großen IT-Anbieter erzählte mir beispielsweise, dass er kaum mehr Zeit habe, um zu Kunden zu gehen, geschweige denn, etwas an sie zu verkaufen. Stattdessen müsse er täglich Excel-Listen mit Absatzprognosen ausfüllen und an seine Vorgesetzten berichten – darauf habe er einfach keine Lust mehr!

Chefs ohne Titel und Vorzimmerdame
50.000 Bewerbungen erhält das 2005 gegründete Unternehmen Trivago jedes Jahr. Bei dem Hotelvergleichsportal arbeiten rund 1000 Kolleginnen und Kollegen, die 60 Nationalitäten besitzen – aber keiner einen Titel. Gründer Rolf Schrömgens und HR-Chefin Anna Drüing setzen auf Kommunikation (Christiane Pütter 2016).

In der Düsseldorfer Firmenzentrale arbeiten 90 % der mehr als 1000 Angestellten. Unternehmenssprache ist Englisch. Wer für das Alltagsleben, wie den Gang zum Supermarkt, einen Deutschlehrer braucht, bekommt ihn. Das Durchschnittsalter liegt bei 29, aber es gibt auch Kollegen Ende 50. Wer nicht am Rhein arbeitet, sitzt in Leipzig, Amsterdam oder Palma de Mallorca. So bunt wie das Logo will Trivago auch die Unternehmenskultur verstanden wissen. „Bei uns soll jeder Mitarbeiter eigene Ideen einbringen können, denn wir glauben, dass alle

Menschen gute Ideen haben, unabhängig von ihrer Aufgabe", sagt HR-Chefin Anna Drüing. „Als Führungskraft muss man das natürlich vorleben."

Wobei man die Führungskräfte bei Trivago schon suchen muss. Denn sie lassen sich nicht von Vorzimmerdamen abschirmen, sondern sitzen mit den anderen im Teambüro. Haben sie mit den Mitarbeitern etwas zu besprechen, schnappen sie sich ihren Laptop und platzieren sich beim jeweiligen Projektteam. „Es gibt bei uns keinen ‚Head of' oder Ähnliches", berichtet Drüing, „und natürlich duzen wir uns. Kommunikation soll barrierefrei sein." Drüing unterscheidet zwischen Organisationsstruktur und Hierarchie. Organisationsstruktur heißt, dass jeder weiß, was er tut und warum. Mit einer klassischen Hierarchie habe das nichts zu tun.

> **Rosemarie Clarner, Human Resources Officer, Geschäftsführung der Scheer GmbH**
> „Flache Hierarchien und Orientierung gebende Leitplanken anstatt starrer Regeln gehören zu den konstituierenden Säulen unserer Unternehmensphilosophie, da nur so Eigeninitiative und Eigenverantwortung gelebt werden können. Zudem gilt es im gelebten Arbeitsalltag, die notwendigen Freiräume durch ganz praktische Maßnahmen zu sichern. Wir wissen aus Erfahrung: Bürokratie hemmt unsere Arbeitsabläufe. So nervt die Eingabe der Reisekostenabrechnungen in unser System die Mitarbeiter in der Regel sehr. Daher versuchen wir hier, neue Wege zu gehen. Zum Beispiel testen wir aktuell verschiedene Apps und neue, bessere Software, um unsere administrativen Prozesse zu digitalisieren und unseren Mitarbeitern das Leben damit möglichst einfach zu machen."

> **Simon Eisenried, Leiter Recruiting der MaibornWolff GmbH:**
> „Wir haben nicht nur die Bürokratie minimiert, sondern sehen uns als Arbeitgeber in der Pflicht, die Leitplanken zu schaffen, innerhalb derer sich unsere IT-Spezialisten völlig selbstständig bewegen können. Das wissen auch unsere Mitarbeiter sehr zu schätzen."

Literatur

Dell M (2012) Dell Plan für 2020 – bleibende Werte schaffen. http://i.dell.com/sites/doccontent/corporate/corp-comm/de/Documents/2020-plan-de.pdf. Zugegriffen: 12. Okt. 2016

Harvard Business Manager (2014) Was schon Peter Drucker über das Jahr 2020 wusste. http://www.harvardbusinessmanager.de/blogs/a-1000774.html. Zugegriffen: 5. Okt. 2016

Hauck U (2013) Offene Kommunikation: Meist ein frommer Wunsch. http://www.silicon.de/blog/offene-kommunikation-oft-nichts-weiter-als-ein-frommer-wunsch/. Zugegriffen: 30. Sept. 2016

kununu (2016) Die verrücktesten Arbeitsmodelle. http://news.kununu.com/die-verruecktesten-arbeitsmodelle/. Zugegriffen: 8. Okt. 2016

Nink M (2014) Engagement index. Redline, München

Pütter C (2016) Chefs ohne Titel und Vorzimmerdame. http://www.cio.de/a/print/chefs-ohne-titel-und-vorzimmerdame,3258033. Zugegriffen: 6. Okt. 2016

Rochus Mummert (2012) Studie: Leadership im Topmanagement deutscher Unternehmen. https://www.rochusmummert.com/downloads/news/57_rm_121115_pi_4_8kl-studie_final.pdf. Zugegriffen: 2. Okt. 2016

Mitarbeiterbindung wirkt sich positiv auf den Unternehmenserfolg aus

8

> **Zusammenfassung**
> Was bedeutet emotionale Mitarbeiterbindung? Und wie wirkt sich sie auf die Wettbewerbsfähigkeit von Unternehmen aus? Dies sind die Fragen, mit denen sich das letzte Kapitel dieses Buches auseinandersetzt. Gleichzeitig wird in Umfragen deutlich, dass in vielen Unternehmen eine schlechte Führungskultur herrscht – mit der Folge, dass ein Großteil der Beschäftigten nur noch Dienst nach Vorschrift macht.

> **Dazu Auszüge aus einem Interview mit Marco Nink, Strategic Consultant/Senior Practice Consultant bei Gallup Deutschland**
> „Emotional hoch gebundene Mitarbeiter zeichnen sich durch eine Reihe von Verhaltensweisen aus, die die Leistungs- und Wettbewerbsfähigkeit von Unternehmen unterstützen. Dies ist vor allem darauf zurückzuführen, dass Arbeitnehmer mit einer hohen Bindung weniger Fehlzeit aufweisen als Beschäftigte ohne emotionale Bindung, sie dem Unternehmen länger treu bleiben und als Markenbotschafter die Dienstleistungen und Produkte des Arbeitgebers eher weiterempfehlen."

Doch ist es um die emotionale Mitarbeiterbindung in Deutschland eher schlecht bestellt, wie der „Engagement Index 2015" von Gallup zeigt (2016). Danach sind nur 16 % der Arbeitnehmer mit Herz, Hand und Verstand bei der Arbeit. Die große Mehrheit, 68 % der Beschäftigten, macht lediglich Dienst nach Vorschrift. 16 % der Werktätigen sind emotional ungebunden und haben innerlich bereits gekündigt. Dafür ist vor allem die schlechte Führungskultur verantwortlich.

© Springer-Verlag GmbH Deutschland 2017
F. Rechsteiner, *Kulturbasiertes IT-Recruiting*,
DOI 10.1007/978-3-662-54680-2_8

So erwogen 42 % der emotional nicht Gebundenen, ihr Unternehmen wegen ihres Vorgesetzten zu verlassen, 13 % waren es unter den Mitarbeitern mit geringer Bindung. 25 % aller befragten Mitarbeiter hat diesen Schritt schon einmal im Berufsleben vollzogen und die eigene Stelle wegen des Chefs gekündigt, um sich besser zu fühlen. 39 % der nicht Gebundenen würden ihren Chef sofort entlassen, wenn sie könnten (Gallup 2014).

8.1 Führungskräften fehlt es an Reflexionsbereitschaft

Diesen Gallup-Ergebnissen gegenüber steht eine völlig andere Zahl: Laut einer Forsa-Umfrage halten sich 95 % der Manager für eine gute und allseits akzeptierte Führungskraft. Dieser Widerspruch lässt sich nur auflösen, wenn die Manager ihr Verhältnis zu den Mitarbeitern ständig hinterfragen. Der Qualitätsmaßstab wird nicht selbst definiert, sondern basiert auf der Zufriedenheit der Mitarbeiter mit ihrer Arbeit als Führungskraft. Managern muss klargemacht werden, welche Auswirkungen schlechte Führung auf das Unternehmen und die Beschäftigten hat. Der Fokus einer guten Führungskraft sollte nicht auf der Verwaltung, sondern – unterstützt von der HR-Abteilung – auf der Entwicklung der Mitarbeiter liegen. Dazu gehören die klare Kommunikation von Zielen, der Einsatz nach den individuellen Stärken und Interessen der Beschäftigten sowie die Anerkennung ihrer Leistungen.

8.2 Starke Einbußen für die Wirtschaft

Der deutschen Wirtschaft entstehen durch die mangelnde Bindung ihrer Mitarbeiter, die auf schlechte Personalführung zurückzuführen ist, erhebliche Kosten: Sie verliert durch Produktivitätseinbußen jährlich zwischen 76 und 99 Mrd. EUR (Gallup 2014). Über die hohen Fluktuationsraten hinaus schlagen vor allem Fehltage, Arbeitsunfälle und Qualitätsmängel zu Buche. Eine hohe emotionale Bindung der Mitarbeiter wirkt sich positiv auf die Rentabilität, Produktivität und Kundenkennzahlen eines Unternehmens aus.

Literatur

Gallup (2016) Engagement Index 2015. http://www.gallup.de/183104/engagement-index-deutschland.aspx. Zugegriffen: 16. Okt. 2016

9 Schlusswort: Quo vadis, HR? oder: Wie schaffe ich ein kulturbasiertes Recruiting?

Zusammenfassung

Wer bis zum Ende dieses Buches vorgestoßen ist, fragt sich jetzt sicher, wie er seine Prozesse zur Personalbeschaffung konkret umstellen soll, um ein kulturbasiertes Recruiting zu etablieren. Wie die folgenden Ausführungen zeigen, sollte dieses zentrale Thema strategisch angegangen werden. Statt überstürzt ein neues Projekt oder neue Initiative ins Leben zu rufen, sollten Sie zunächst ein paar grundlegende Fragen beantworten. Damit erhalten Sie eine Matrix, die Ihren Status quo zeigt und wegweisend für die Umsetzung des Sechs-Punkte-Plans ist.

9.1 Stellen Sie Herkömmliches mutig infrage – jedoch nicht gedankenlos alles!

Sicher hatten Sie schon vor der Lektüre dieses Buches festgestellt, dass es immer schwieriger wird, die besten IT-Kandidaten und -Experten an Bord zu holen. Daher sind Sie gut beraten, ein Zukunftsmodell für das Recruiting einzuführen, das einen kulturellen Wandel in Ihrem Unternehmen und Ihrer Personalbeschaffung herbeiführt.

Der Sechs-Punkte-Plan der Hype-Strategie kann Ihnen helfen, diesen kulturellen Wandel zu initiieren. Hier die einzelnen Punkte nochmals zur Übersicht:

1. Geben Sie Ihren Mitarbeitern größtmögliche Eigenverantwortung!
2. Kommunizieren Sie ehrlich und direkt!
3. Setzen Sie Ihre Mitarbeiter nach ihren individuellen Stärken und Vorlieben ein!

© Springer-Verlag GmbH Deutschland 2017
F. Rechsteiner, *Kulturbasiertes IT-Recruiting*,
DOI 10.1007/978-3-662-54680-2_9

4. **Machen Sie deutlich, wofür Ihr Unternehmen steht: Sie brauchen ein klares Profil!**
5. **Unterstützen Sie Ihre Mitarbeiter bei der Selbstverwirklichung!**
6. **Weg mit Bürokratie und Hierarchien!**

Beantworten Sie bitte zu jedem dieser sechs Punkte folgende Fragen:

- Wo steht Ihr Unternehmen bei diesem Thema heute?
- Wohin möchten Sie sich entwickeln?
- Was hinderte Sie bis jetzt an der Umsetzung dieser Ziele?
- Welche Maßnahmen und Mittel benötigen Sie dazu?
- Welche personellen Ressourcen benötigen Sie dazu?

Wenn Sie diese Fragen beantwortet haben, erhalten Sie im Ergebnis eine Matrix, die Ihren aktuellen Entwicklungsstand und die notwendigen Schritte zur Umsetzung des Sechs-Punkte-Plans zeigt. Um die angestrebten Ziele erreichen zu können, ist es unverzichtbar, die Unterstützung des Managements sicherzustellen.

9.2 Sie brauchen Management-Attention!

Nun kommt der herausfordernde Teil der Transformation: Sie müssen in Ihrer Geschäftsleitung das Bewusstsein schaffen, dass es sich bei dem Sechs-Punkte-Plan um kein reines HR-Projekt handelt, sondern um ein Projekt, bei dem es um den Kern und die Kultur – und damit um die Zukunft Ihres gesamten Unternehmens geht. Dazu bietet sich ein initialer Workshop für die Manager an, bei dem klipp und klar kommuniziert wird, was passieren wird, wenn Ihr Unternehmen keine Umstellung auf ein kulturbasiertes Recruiting vornimmt. Ohne hoch qualifizierte IT-Mitarbeiter haben Sie in den kommenden Jahren kaum Chancen, sich im stark umkämpften Bewerbermarkt zu behaupten.

9.3 Reden Sie nicht nur über neue Prozesse – handeln Sie!

Bei der Umsetzung des Sechs-Punkte-Plans nach der Hype-Strategie ist es wichtig, dass Sie schrittweise vorgehen und jeweils mit kleinen Peergroups beginnen. Dabei werden Sie feststellen, dass es keine allgemeingültige Formel und Vorgehensweise dafür gibt. Da Sie es mit Menschen zu tun haben, sind Ihre Unternehmenskultur und die dazu passende Recruiting-Strategie so individuell wie Ihre DNA. Tasten Sie sich bei der Umsetzung des Sechs-Punkte-Plans also langsam vor und gewinnen Sie sukzessive die Sicherheit darüber, beim Thema Recruiting auf dem richtigen Weg zu sein,

9.4 Wirken Sie als Vorbild!

Wenn Sie unternehmerische Veränderungsprozesse einleiten wollen, ist es wichtig, dass Sie selbst als Vorbild agieren – denn nur dann werden Ihnen die Mitarbeiter folgen. Das heißt, Sie müssen Ihre Prinzipien und Werte im Alltag auch selbst leben, statt nur darüber zu reden.

9.5 HR-Modell „Dynamic Work System"

Um Sie bei der Transformation zum kulturbasierten Recruiting zu unterstützen, habe ich das HR-Modell „Dynamic Work System" entwickelt. Dazu müssen HR- und Recruiting-Abteilung folgende Wandlungsprozesse durchlaufen:

- neue Rollendefinition und neues Rollenverständnis umsetzen
- Aufgabengestaltung flexibilisieren
- sich zu Servicedienstleistern entwickeln
- als Coach für Führungskräfte im Recruiting-Prozess agieren
- „Sowohl als auch"-Kultur in der Beschaffung geeigneter IT-Spezialisten etablieren
- „Employability"-Ausrichtung auf die Kandidatenwünsche vollziehen

Jetzt bleibt mir nur noch, Ihnen viel Erfolg beim künftigen IT-Recruiting nach dem Sechs-Punkte-Plan der Hype-Strategie zu wünschen. Gerne begleite ich Sie bei der Umsetzung des „Dynamic Work Systems" und lade Sie ein, mit mir in Kontakt zu treten. Auch für Ihre Fragen bin ich jederzeit offen und freue mich auf jede Rückmeldung.

The manufacturer's authorised representative in the EU is Springer Nature Customer Service Centre GmbH, Europaplatz 3, 69115 Heidelberg, Germany. If you have any concerns regarding our products, please contact ProductSafety@springernature.com

Printed and bound by CPI Group (UK) Ltd, Croydon, CR0 4YY

25/03/2026

02078190-0006